덜어내고
덜 버리고

오한빛

제로웨이스트가 건네는 변화

채륜

누군가 쓰레기를 버리는 곳에
화분을 두는 사람들

어느 날 성수동의 골목골목을 산책하다가 한 장면에서 잠시 멈춰 서 있었습니다. 작은 빌라 단지의 담장 앞, 굴곡이 져 길거리에서 살짝 들어간 공간이 생기는 곳에 스무 개는 족히 되는 화분이 놓여 있었습니다. 토분도 있고 도자기와 플라스틱, 부직포로 된 화분도 있었습니다. 화분에 심긴 모든 식물의 이름은 몰랐지만 고향 집에도 있는 금전수와 알록달록 색을 피운 꽃이 눈에 띄었습니다. 담장 앞에는 '쓰레기 투기 금지 표시'도 잔뜩 붙어 있었는데요, 쓰레기가 자꾸 쌓이는 곳에 투기 금지 표시 대신 화분을 놓을 생각을 한 사람의 마음을 떠올려보고 싶어 잠시 멈춰서 바라봤습니다.

바닷가 근처에 살며 매일 바다를 보며 지낸 적이 있었습니다. 해안가에 쓰레기를 보는 일이 잦았고, 해안 쓰레기는 물론 해양 쓰레기가 전 세계적 문제가 되고 있었습니다. 좋아하는 바다를 아끼고 싶은 마음으로 틈이 날 때면 바다에 나가 쓰레기를 주웠고 나아가 일상에서 쓰레기를 줄일 방법을 고민했습니다. 쓰레기를 줄이는 일은 제게 당연하기보다 자연스러운 일이었던 것 같습니다.

'제로웨이스트 방법'보다 쓰레기를 줄여나갔던 일상과 단상 또 쓰레기를 줄이는 일로 해석할 수 있는 점들을 연결 지어 글을 써내려갔습니다. 그 과정에서 '우리는 아주 촘촘히 연결되어 있다'는 사실을 자주, 실감나게 느꼈습니다. 저에게 제로웨이스트를 주제로 책을 써보자는 제안을 해주셨던 편집자님에게 처음 꺼낸 말은 '유명하지도 특별하지도 않은 저의 이야기를 왜…'였습니다. 평범한 저의 이야기를 짧지 않은 글로 꺼내 놓으면서 나의 자리에서 할 수 있는 이야기가 있다는 작은 확신 같은 것이 들었습니다. 각자의 이야기를 꺼내 놓으면서 더 다양한 경험과 문제와 지혜들이 발견되기를 바랍니다. 우리는 모두 연결되어 있으니 함께 꺼내 놓을 때 더 많은 것들이 발견될 거라고 생각합니다.

저에게 환경적인 실천은 따뜻함과 연결됩니다. 쓰레기를 만들면서 살 수밖에 없는 시스템 속에서 쓰레기를 줄이는 일은 곧 사람과 연결되어 있습니다. 시장이나 가게에서 일하는 분들께 부탁하는 일, 함께 사는 사람에게 제안하는 일, 주변 친구들에게 공유하는 일 등 쓰레기를 줄이기 위한 시도에 반응을 해주는 사람들 덕에 쓰레기는 사라지고 따뜻함은 진해집니다. 사라진 쓰레기의 자리에 우리 함께 더 나은 곳에서 살아가는 데 힘쓰자는 말이 남는 것 같습니다. 따뜻한 사람들과 더 나은 환경에 머물며 살 수 있도록 쓰레기를 줄이는 일을 계속 해야겠다고 생각합니다.

내추럴 하이natural high. 어려서부터 좋아했던 공효진 배우님은 케미컬의 영향 없이 소소하면서도 짜릿한 즐거움을 느낄 수 있는 행위를 내추럴 하이라고 불렀습니다. 내추럴 하이한 일들이 환경과 무관하지 않고, 꼭 그 이유에서가 아니더라도 내추럴 하이를 찾으려고 애쓰고 고민한다고 덧붙였습니다. 10대 때 참 멋진 생각이라며 읽었던 그 글이 30대를 바라보는 지금에 더 선명해진 채로 저에게 남아 있습니다. 일상적인 관계들과 따뜻한 시도를 나누며, 일상의 소소하면서도 본능적인 즐거움을 찾고 누리며, 일상과 환경을 연결 짓는 상상들이 더 많아지길 바랍니다. 누군가 쓰레기를 버리는 곳에 화분을 놓아둘 궁리를 하는 사람처럼요. 조만간 예쁜 화분을 구해 다시 그 골목을 찾아가야겠습니다.

놓고 싶은 화분을 떠올리는 시간이 되기를 바라며.

2021년 10월
어린이 대공원에서

차례

05 변화 :: 제로웨이스트가 건네는 변화

제로웨이스트와 웨이스트 그 사이에서 시작

01

시
작

다 받아주어서
바다라는 이름

"'바다'라는 이름은 어떻게 생겼을까요?"

대학을 졸업하고 처음 하게 된 일은 아이들에게 바다와 관련된 다양한 이야기를 프로그램으로 엮어서 들려주는 일이었다. 바다가 지구 표면을 얼마만큼 차지하는지, 바닷속에는 얼마나 많은 생물이 생명활동을 하며 살고 있는지, 배를 이용해서 어떻게 바다를 항해하는지, 바다에서 얼마나 재미있고 안전하게 놀 수 있는지를 체험시켜주는 일이었다. 동해바다와 인접한 7번국도, 한반도 호랑이 등줄기 쪽에 위치한 영덕의 앞바다에서 매일 청소년을 만났다.

바다의 어원을 물어보는 질문은 내가 아이들의 관심을 끌기 위해서 프로그램의 초반에 종종 던졌던 질문이다. 여러 가지의 어원으로 추측되고 있지만, 그중 가장 교훈적인 이야기를 골라서 말해주었다.

"다 받아주어서 '바다'라는 이름이 생겼어요."

대부분의 아이들은 처음 들어 보는 질문과 그 답에 반신반의한 표정을 지으면서도 곧 '뭐 그럴 수도 있겠다.'는 반응을 보였다. 여름이면 세상에서 제일 큰 물놀이장으로 변하는 바다, 그 넓이와 깊이만큼 끝없이 호기심을 자극하는 바다. 각종 생선과 해산물, 해조류를 내어줘서 입맛을 즐겁게 해주는 바다. 짚어 말하지 않아도 바다는 우리에게 다 베풀어주고, 다 받아주는 곳이었다.

그런데 언젠가부터 바다의 어원을 물어보는 질문을 하는 게 망설여졌다. 해양 쓰레기와 플라스틱, 산호초 백화현상, 기름 유출, 양식장 문제 등 인간의 활동으로 오염되는 바다를 보면서 마음 한구석이 찜찜하게 되었다. 이전에는 없었던 해양환경 분야의 프로그램을 새로 만들 만큼 해양환경 오염에 대한 문제의식이 크게 확산되고 있었다.

직접적으로 해양환경 오염에 대한 문제의식을 가져다줬던 건 거북이였다. 미국 텍사스 A&M대학교의 해양생물 연구팀이 코스타리카 연안에서 숨쉬기 어려워하는 바다 거북이를 발견했다. 거북이는 코에 무언가가 박혀서 숨을 쉬기 어려워했다. 연구팀은 기생충인 줄 알고 꺼냈는데 꺼내고 보니 플라스틱 빨대였다. 거북이의 사연이 전해진 이 영상•은 약 8분, 오래도록 코에 박혀 있던 빨대가 나올까 말까 씨름했던 8분의 시간 동안 내 미간은 잔뜩 찌푸려져 있었다. 영상을 통해서 생생하게 전해진 거북이의 고통스러운 표정과 울음은 내가 경험했던 비슷한 고통들을 떠올리게 했다. 축농증 치료를 위해 코에 시술 도구를 깊숙하게 넣었을 때 그 도구가 눈으로 다시 나올 것 같았던 고통이 가장 가까울까. 문턱에 발가락을 아주 세게 부딪힌 사람의 얼굴을 보는 것 같기도 했다. 이전에도 환경오염으로 고통을 받는 생물들을 많이 봐왔지만, 그 영상은 여느 때보다도 나를 깊이 흔들어 놓았다. 난생처음 매일 바다를 보고 바닷바람을 맞으며 아이들에게 바다에 대해 알려주는 일을 하고 있어서였을 것이다.

이후로도 바다를 터전으로 사는 생물들이 쓰레기로 고통 받는 사진을 자주 접했다. 음료수 병뚜껑과 분리되는 고리는 돌고래의 긴 부리에 끼어서 부리를 벌리지 못하게 만들었다. 조각난 그물은 바다표범의 몸통에 끼어서 옴짝달싹 못 하게 만들었다. 맥주 여섯

캔을 쉽게 들고 나르기 위한 플라스틱 고리는 거북이의 몸통 중앙에 끼어서 몸이 기형으로 자라게 만들었다. 부유하는 해마가 꼬리에 감고 있던 건 플라스틱 면봉이었다. 최근 마스크의 사용량이 급증하면서 접하게 된 사진에는 마스크의 줄이 새의 다리에 감겨서 움직이기 어렵게 만들고 있었다. 우리가 버린 쓰레기는 어딘지도 모르는 곳으로 흘러가 생각지도 못한 방법으로 다른 생명을 괴롭히고 있었다.

"그런데 이제 '안바다'네요."

코에 빨대가 꽂히는 바람에 거북이가 얼마나 괴로워했는지, 거북이 말고도 또 어떤 동물이 괴로워하고 있는지, 태평양에는 한반도의 몇 배만 한 쓰레기 섬이 있는지, 영상과 정보를 빠르게 접하게 된 아이들은 내가 알고 있는 해양환경의 문제점을 이미 모두 알고 있었다. 바다가 더는 받아줄 수 없다고 보여주는 현상들을 경고나 도움의 신호로 받아들이는 건 아이들이 더 예민했다. 어느 날 한 아이는 바다가 이제는 더 '안 받아' 준다고도 했다.

바다를 좋아해서 한때 전 세계 바다를 누비는 항해사를 꿈꿨던 사람으로서도, 매일 아이들 앞에 서서 바다를 이야기하는 사람으로서도 처참해지는 해양환경을 그냥 두고 보기가 힘들었다. 거

창하게 할 수 있는 건 없고 눈앞에 보이는 쓰레기를 줍기 시작했다. 처음 비치클린Beach clean을 했을 때 나는 깜짝 놀랐다. 영상이나 사진으로 접했던 쓰레기가 가득한 전 세계의 해변의 모습은 영덕의 작은 앞바다에서도 똑같이 볼 수 있었다. 잠깐 다녀간 사람들이 버리고 간 일회용 쓰레기와 주변에 살고 있는 사람들이 버린 생활 쓰레기, 파도를 통해서 밀려온 어업용 쓰레기와 다양한 국적에서 온 두서없는 쓰레기가 뒤섞여 있었다. 7번 국도와 맞닿아 있는 영덕의 어떤 해안가에도 쓰레기가 없는 곳이 없었고, 없는 쓰레기가 없었다.

쓰레기를 줍는 일은 정직했다. 시간을 들이는 만큼 봉지나 포대는 가득 차고, 바다는 딱 그만큼 깨끗해졌다. 쓰레기가 눈앞에 너무 많아서 한숨이 나올 때마다 하나를 주우면 하나의 생명을 살린다는 단순한 생각을 했다. 내가 아니라면 어딘가로 흘러가서 또 어떤 해양생물을 괴롭힐지 몰라. 쓰레기를 줍는 데서 오는 보람은 컸고 바닷가를 나갈 수 있는 좋은 핑계이기도 해서 비치클린Beach clean은 곧 나의 좋은 취미가 되었다. 쓰레기뿐 아니라 돌과 조개껍질, 씨글래스sea glass(깨진 유리병이 닳고 닳아 마치 보석같이 모양이 변한 유리조각)를 줍는다는 의미의 '비치코밍Beachcombing'이라는 단어를 알고 나서는 바다의 사물들도 함께 주웠다. 비치코밍은

'해변Beach을 빗질한다Combing'는 뜻을 가진 재미있는 단어다. 매일 주운 쓰레기와 자연의 오브제들을 사진으로 찍고 인스타그램에 공유하면서 해변의 쓰레기를 줍는 개인이나, 단체, 해양 쓰레기를 활용해 예술작품을 만드는 곳들을 알게 되었다. 함께하는 이들이 있다는 생각에 든든한 기분으로 바다에 나갔다.

쓰레기를 줍는 일은 때때로 크게 마음을 아프게도 했다. 한번은 일본 대마도 여행 중에 미우다 해변을 들렀다. 해변 양 끝에 위치한 절벽이 포근한 느낌을 주는 해수욕장이었다. 대마도는 방문할 만한 곳이 한정적이라 많은 여행객들이 파도처럼 밀려왔다 사라졌다. 바다를 바라보고만 있는 것이 지루해져서 해변 곳곳을 돌아다녔는데, 사람들의 눈에 잘 띄지 않는 해변의 구석에 어마어마한 양의 쓰레기가 마치 모래처럼 해변을 뒤덮고 있었다. 지형적 특성상 사람들의 눈에는 잘 띄지 않는 곳이었다. 사이에 큰 바위 무리를 두고 완전히 다르게 펼쳐진 풍경. 좋은 것만 내세우고 잘 보이도록 만들어 놓은 세상의 풍경과 똑같다고 생각했다.

어느 날은 울진에 있는 월송정에 놀러갔다. 입구부터 소나무가 빽빽하게 들어선 숲을 한참 거닐다 보면 멀리 해수욕장이 보인다. 좌우로 막힘없이 뚫려 있는 광활함은 과연 동해바다였다. 같은 날, 같은 시간에 방문했던 여행객들 모두 바다가 주는 여유로움을 만끽하고 있었다. 기쁜 마음으로 바다에 가깝게 다가갔는데 자세히 보니 고운 모래밭에 쓰레기가 한 가득이었다. 안타까운 마음으로 버려진 테이크 아웃 잔에 플라스틱 조각 위주로 쓰레기를 주웠다. 그 사이에 크게 웃으며 서로의 사진을 찍어주던 사람들이 빠져나가서 주위가 조용해졌다. 순간 자각했던 그 정적이 얼마나 얄궂던지, 바다가 주는 기쁨만 쏙 취하고 떠나는 모습에 눈물이 날 것 같았다.

비치클린을 끝내면 잠시 앉아 바다를 바라본다. 바다와 하늘, 그 둘을 가르는 수평선은 언제 보아도 참 아름답다. 끊임없이 들이치는 파도와 파도소리는 잠시 멍-하고 있고나, 조용히 생각에 잠기게 만든다. 해안 쓰레기로 얄궂은 일들을 겪고 나서는 종종 이런 생각을 했다. 영덕에서 만났던 수많은 아이들이 커서 다음 세대의 아이들 앞에 선다면 바다에 대해 어떤 이야기를 들려줄까? 그때의 아이들은 바다의 이름이 다 받아주어서 바다라는 말에 공감할 수 있을까?

해안 쓰레기를 주워보세요

바닷가에 갈 일정이 있다면 가방에 꼭 봉지 한두 개씩을 챙긴다. 바다에서 시간을 보내고 나서 쓰레기를 줍기도 하고, 쓰레기를 주울 목적으로 바다를 방문하기도 한다. 쓰레기를 주울 목적으로 해안가를 거닐면 확실히 이전과는 다른 눈으로 해양 환경을 바라보게 된다. 모아진 쓰레기를 보면 씁쓸하지만 환경에 도움이 되었다는 보람이 더 크게 다가온다. 아래는 비치클린을 해오면서 꾸준히 발견되면서 개인적으로 심각하다고 느꼈던 바다 쓰레기 순위니, 혹시 비치클린을 한다면 조심하거나 눈여겨보면 좋겠다.

3위. 뾰족한 낚시 쓰레기

비치클린을 하다 보면 심심치 않게 낚싯바늘이 손에 박힌다. 꼬인 낚싯줄 뭉치 여기저기에 낚싯바늘이 함께 엉켜 있기도 하고 모래에 묻힌 낚싯줄을 당기다가 튀어나오기도 한다. 오징어를 잡는 데 주로 쓰이는 가짜미끼인 플라스틱 '에기'

도 자주 보인다. 일본에서는 낚시 쓰레기가 해안 쓰레기 중에서 세 번째로 많다고 하는데, 낚시 인구가 많아지고 있는 우리나라에도 곧 문제가 될 것 같은 불안한 예감이 든다.

2위. 미세화가 진행 중인 플라스틱

이제는 너무 익숙한 단어, 미세플라스틱. 바다로 흘러들어간 플라스틱은 파도와 햇빛을 맞아 서서히 미세화가 진행된다. 미세화가 진행 중인 플라스틱은 해안가에서도 자주 보인다. 한눈에 봐도 낡았고 손으로 부수면 쉽게 부서진다. 낡고 낡아 미세플라스틱이 된다. 미세플라스틱은 해양생물에게 가짜 먹이가 되고, 해양생물을 먹는 인간의 식탁에 올라 결국 우리가 먹는 악순환이 반복된다.

1위. 잘게 부서진 스티로폼 조각

양식장의 스티로폼 부표는 종종 유실되어 해안가로 밀려온다. 바다를 떠다니는 스티로폼 부표는 플라스틱과 마찬가지로 햇빛과 파도로 낡으며 부서진다. 알갱이 하나하나 부서진 스티로폼은 너무 자잘하고 그만큼 많아서 다 줍기는 거의 불가능하다. 처음에는 모래와 함께 한 움큼 줍곤 했는데, 안타깝지만 이제는 그냥 놓아둔다. 스티로폼 조각은 그대로 바다에 흘러가거나 해변에 남아 날아오는 새나 바다 생물의 가짜먹이가 된다.

내가 버린 쓰레기에서
볼 수 있는 것들

'물티슈 왔음!'

물티슈 공동구매를 주도한 친구가 단체대화방에 메시지를 남겼다. 마침 수업이 끝나고 기숙사에 들어온 나와 친구들은 그 친구의 방에 가서 물티슈를 나눠가졌다. 물티슈를 핑계로 한데 모였으니 또 한판의 수다를 시작한다.

단과 대학생 약 1,600명이 전원 기숙사를 쓰며 단체생활을 했던 대학 시절, 하루 일과 대부분을 함께하는 동기들과 일상의 많은 부분을 공유하면서 살았다. 생활, 학업, 관계 등 서로 신뢰하는 정도에 따라서 다른 깊이의 이야기를 주고받으면서 지냈다. 모두가 모두에게 공유했던 주제 중 하나는 생필품의 공동구매. 물티슈, 샤워용품, 간식거리 등 이커머스 사이트에 저렴하게 올라온 제품 정보를 공유하고 함께 구매하는 것은 일상의 작은 즐거움 중 하나였다.

내가 공구를 주도했던 물품은 마스크 팩이었다. 당시 애용하던 마스크 팩 한 장 가격은 고작 100원, (최근에 다시 찾아보니 비슷한 제품을 200원에 팔고 있다) 100장을 사도 고작 만 원이니 한 달 용돈 30만 원으로 생활하는 대학생의 피부 관리에 마스크 팩만한 게 없어 보였다. 종류는 또 얼마나 다양한지. 토마토, 블루베리, 석류, 오이, 녹차, 감자 등의 과채류부터 달팽이, 로얄젤리, 콜라겐 같은 고급(?) 성분들까지 다채로웠다. 저녁인원점검이 끝나고 자유가 된 매일 밤이면 어김없이 마스크 팩을 꺼내 들며 하루를 마무리했다. 오늘은 바깥활동을 많이 했으니 진정, 내일은 애인과 약속이 있으니 투명이나 매끈, 오늘도 내일도 특별한 날이 없으면 보습. 오늘의 일과와 내일의 계획에 따라 효능을 따져가며 골라 붙이는 재미가 쏠쏠했다. 껍질에 남은 쫀쫀한 마스크 팩 에센스를 목과 팔, 다리에까지 바르는 알뜰함도 잊지 않았다.

대학을 졸업하고도 마스크 팩은 꾸준히 했다. 직장인이 되니 구매하는 마스크 팩의 가격은 100원의 10배를 훌쩍 넘었다. 냉장고 문의 맨 위 칸은 언제나 마스크 팩이 차지했다. 한 주를 마무리하는 일요일 저녁에는 언제나 마스크 팩을 붙였다. 냉장고에서 충분히 시원해진 팩을 얼굴에 턱 얹어 놓고 누워서 주말의 마지막 여유를 만끽하는 건 새로운 한 주를 맞이하는 의식이기도 했다.

이런 마스크 팩 사랑이 무색하게도 나는 팩하는 습관을 한 번에 그만두었다. 비치클린을 하면서부터 어느새 방 안의 물건을 보는 눈이 달라졌기 때문이다. 버려진 쓰레기들을 줍다 보니 자연스럽게 내가 버리는 쓰레기들도 눈여겨보게 되었다. 생활을 위해서 꾸준히 사용하는 것들은 달리 말하면 꾸준히 쓰레기를 만드는 것이기도 했다. 화장실에 있는 샴푸, 린스, 폼 클렌징은 물론 화장대 위의 기초화장품, 색조화장품은 사용한 후에 모두 용기 쓰레기를 만들어냈다. 나를 깨끗하게 하고 단장하기 위한 것들이지만 버려진 용기는 환경을 오염시키고 있었다. 그뿐일까. 계절은 매년 똑같이 돌아왔지만, 그때마다 옷을 사고 버리는 일을 수도 없이 반복했다. 시장을 보면 먹거리뿐 아니라 포장 쓰레기도 한 아름씩 딸려왔다. 우리의 모든 생활에서 쓰레기가 나온다는 사실을 새삼스럽게 실감하는 나날을 보냈다.

'꼭 사용해야 하는 걸까?'

마스크 팩이 가장 먼저 화두에 올랐다. 큰 고민 없이 하지 말자고 답을 내렸다. 이미 아침, 저녁으로 무언가를 충분히 바르고 있었다. 기본적이고 근본적인, 그래서 잘 간과하는 '잘 자고 잘 먹기' 방법으로 피부 관리를 해보자고 마음먹었다. 팩을 붙이고 벌러덩 누워 있는 여유가 조금 그리울 것 같긴 하지만, 그때는 참지 말고 하나씩 구매해서 사용하자고 타협했다. 쟁여둔 마스크 팩을 모두 사용하고는 냉장고의 맨 위 칸을 다시 음식에게 돌려주었다. 그렇게 얼마간은 내 생활을 낯설게 보고 질문을 던지며 생활에 불필요한 물건들과 생활습관을 점검해 나갔다.

당시에 '제로웨이스트'가 우리 사회에 막 회자되고 있었고, 한 카페●에서 쓰레기와 관련된 정보와 줄이는 방법들을 배웠다. 그때 내 눈에 들어온 건 쓰레기 모으기, 일정 기간 내가 버린 쓰레기를 모으고 그 기간이 지나면 어떤 쓰레기를 얼마만큼 버렸는지 회고해 보는 작업이었다. 어떤 쓰레기를 많이 버리는지 알게 되면 어디에서 쓰레기를 줄일지도 알게 되겠지. 딱 일주일 동안 쓰레기를 모아서 생활습관을 점검해보기로 했다. 화장실을 제외하고 집과 회사에서 나오는 쓰레기들을 일주일 동안 모았다. 당시에는 회사에서 제공해주는 작은 원룸에서 살며 단체 급식소에서 제공하는 밥을 먹고 살았던 터라 쓰레기를 모으는 일이 그리 어렵지 않았다.

　하루하루 차곡차곡 쓰레기 모으기를 일주일, 드디어 결산의 날이 되었다. 괜히 두근대는 마음을 안고 쓰레기 상자를 들고 너른 공터로 나갔다. 종이는 종이, 캔은 캔, 비닐은 비닐대로 바닥에 가지런히 늘어놓았다. 살면서 처음 내가 버린 쓰레기와 다시 만나는 순간이었다. 어떤 쓰레기가 나왔는지 하나하나 살펴보자니 내 생활습관이 그대로 보여서 부끄럽고 우스웠다. 맥주병과 캔, 과자 봉지, 아이스크림, 사과즙, 두유 팩이 많았다.

　'보아하니 집에서 밥을 해먹는 것 같지는 않고 아침에 두유나 즙을 마시고, 집에 돌아와서는 술 먹는구나!'

　누구나 나의 쓰레기를 보고 생활습관을 파악할 수 있을 것 같았다. 당시 살던 곳이 산 중턱이라 어둠이 일찍 찾아왔고, 마땅히 할 일이 없어서 늦은 밤에 술을 자주 마셨다. 점점 늘어가는 살들이 거슬리던 차에 쓰레기와 함께 잠들기 전에 마시는 술도 줄여보기로 했다.

　You are what you eat. 즉, 바꿔 말하면 '내가 먹는 것이 곧 나를 나타낸다.'라는 뜻의 문구가 있다. 음식이 가진 건강함을 강조할 때 음식이 우리의 몸을 이룬다는 의미로 쓰기도 하고, 종교나 신념 등의 이유로 지향하는 식사방법이 있을 때에 먹는 음식이 곧 그 사람의 가치를 나타낸다는 말로도 쓰인다. 여기서 '먹는다'는 뜻의 'eat'을 '버리다'라는 뜻의 'throw'로 바꾸면 이렇게 된다. You are what you throw. 일주일이라는 짧은 기간 모았던 터라 보다 구체적으로 쓰레기를 줄이기 위한 대책을 세우지는 못했지만 한 번 버리고는 다시 볼 일 없을 쓰레기를 모아서 분류하고 회고해 보는 일은 새삼스러운 사실 하나를 깨닫게 해줬다. 내가 버린 것은 나를 나타낸다, 쓰레기는 나의 생활을 아주 솔직하고 적나라하게 나타내고 있다.

생활 쓰레기를 모아보세요

일상에서 쓰레기를 줄이고 싶은데 어디서부터 해야 할지 모르겠다면 쓰레기 모으기를 추천한다. 나도 내가 쓰레기를 모아볼 줄 몰랐지만, 쓰레기를 줄이기 위한 힌트는 물론 생각지 못한 부분에서 새로운 자극을 줄 수도 있다.

그 시작이 부담스럽다면 각자의 상황에 따라서, 궁금한 종류의 쓰레기로 시작해 봐도 좋을 것 같다. 매일 테이크 아웃 잔을 사용하는 것에 한 번쯤 부담을 느껴봤던 직장인이라면 한 달 동안 테이크 아웃 잔을 모아보기, 집에서 나오는 생활 쓰레기를 모두 모으는 것이 부담스럽다면 플라스틱만 모아보기처럼 말이다.

고치고 싶은 습관이 있다면 관련된 쓰레기를 모아 봐도 좋겠다. 군것질을 너무 많이 하는 사람은 군것질 쓰레기, 탄산음료를 습관적으로 먹는 사람은 탄산음료 병이나 캔, 쇼핑을 줄이고 싶은 사람은 쇼핑백 등을 모아보는 식으로 말이다.
매일 찝찝한 마음에도 지나쳤던 습관을 쓰레기가 적나라하
게 보내줄 것이다.

생활용품 다이어트는
평생

마스크 팩처럼 아예 쓰지 않을 생활용품을 더 찾아보기로 했다. 집을 찬찬히 살피고 내가 사용하는 생활용품에 한 번 더 주의를 기울이면서 '이건 꼭 사용하지 않아도 될 것 같은데?'라고 생각이 드는 것들을 골라갔다. 그 기준은 어렴풋하게 들어왔던 원재료의 유해성이나 지극히 개인적인 판단에서 시작했다. 사용할지 말지를 판단하기 위해서 사용 목적과 성분에 대한 정보를 찾아봤을 때 같은 제품이라도 상충되는 의견이 많아서 말끔한 선택을 하기는 어려웠다. 마케팅이 주요 목적인 기업은 해당 제품과 성분의 구체적인 효과를 대며 꼭 필요한 것처럼 말했고, 환경단체나 케미포비아Chemiphobia적인 성향을 가진 사람들은 두루뭉술하거나 막연하게 두려움을 부각시켰다. 모두 어떤 면에서 일리가 있는 의견

들이었고 최종 판단은 나의 일상에 적용가능한지의 여부와 내가 지향하는 방향에 맞게 해나갔다.

마스크 팩 다음으로 눈에 들어온 건 린스였다. 린스를 사용하지 않기로 한 이유는 두 가지가 있었다. 첫 번째로, 린스는 보조역할일 뿐 머리카락을 깨끗하게 만드는 건 모두 샴푸 몫이라는 생각에서였다. 이 판단은 이후에 생활용품 사용을 줄이는 첫 번째 기준이 되었다. 린스를 사용하는 이유는 세정제품의 특성상 알칼리가 강한 샴푸를 사용한 후 일시적으로 약알칼리화가 된 모발을 중화시켜서 약산성으로 되돌리기 위해서이다. 린스 대용으로 산성인 식초를 사용하라는 말이 여기서 나오는 것이다.

두 번째 이유는 린스의 찜찜함 때문이다. 린스는 바르자마자 아주 가끔 입는 비단 저고리를 만질 때처럼 머릿결이 부들부들해지는 탁월한 기능성을 가지고 있지만 헹굴 때마다 잔여물 없이 다 씻겨 나갔는지 가늠하지 못할 때가 많았다. 린스를 바른 머리를 더 헹굴지 말지 가늠하는 일로 바쁜 아침시간을 허비할 수 없다는 생각이 들 때쯤 물을 잠갔다. 대부분은 그런 생각도 하지 않고 대충 헹궜다. 어쨌든 머리는 부드러워졌으니까. 머리카락에 남아 있을 거라는 찜찜함은 씻어내지 못했다. 린스는 머리카락을 코팅해서 모발을 유해물질로부터 보호하고, 수분과 영양분이 쉽게 날아 가지 않도록 해주며, 엉키는 것을 막아 부드럽게 해준다. 코팅은 일시적으로 작용하기 때문에 근본적으로 모발에 도움이 되지는 않는다.

일단 린스를 사용하지 않기 위해서 샴푸를 약산성으로 바꿨 다. 처음 린스를 사용하지 않고 약산성 샴푸로만 머리를 감을 때 는 머리카락이 뻣뻣했다. 린스에 전가했던 머릿결의 부드러움을 만들기 위해서는 모발 자체가 스스로 단백질의 기름성분을 만들 어내도록 해야 했다. 그건 빗질을 통해 가능했다. 빗질은 두피와 머리카락의 순환을 시켜줘 단백질 분비가 원활해지도록 도와준 다. 평소보다 빗질을 더 해줌은 물론 머리를 감기 전에도 머리를 감을 방향으로 빗질을 해준 다음 샴푸를 했다. 샴푸로 거품을 풍 성하게 낸 후 다시 한 번 빗질을 해주고 물로 헹궜다. 린스 없는 생활에 익숙해진 건지, 머릿결이 좋아진 건지는 정확히 모르겠지 만 게으른 빗질과 샴푸로만 머리를 감고 관리하고 있는데 대단히 좋은 변화나 문제없이 평범한 머릿결과 두피를 유지하고 있다. 짧 게 유지하고 있는 머리길이도 린스 없는 생활이 가능하도록 한 몫 하고 있다.

다음은 기초화장품이었다. 화장을 본격적으로 시작한 스무 살 때부터 가지고 있던 기초화장품 공식을 그대로 간직한 화장대에 는 스킨, 로션, 에센스, 크림, 선크림이 있었다. 기초화장품을 잘 챙겨 바르지 않으면 피부가 푸석거릴 수 있고, 나이가 들어서는 재생하는 일이 어려워지니 어려서부터 관리해야 한다는 소리를 자주 들었다. 아이크림을 스무 살부터 바르라는 이야기도 있었다. 이 많은 기초화장품이 어떤 기능*을 하는 걸까?

먼저 스킨이라고 익숙하게 불리는 화장수. 화장수는 친수성 성분이 많아 피부에 침투해 특별한 기능을 발휘하기란 불가능해 서 클렌징 후 남은 이물질을 제거하는 기능으로 사용하는 게 적절 하다. 로션, 에센스, 세럼, 크림, 아이크림 등은 사실 점도의 차이 고 내용물은 거의 비슷한데 모두 발라봐야 피부가 다 흡수하지 못 하고 겉에서 섞이니 피부 타입에 따라 한 가지 정도만 선택하면 된다. 피부는 계절과 생활습관 등에 따라 수시로 바뀔 수 있어서 피부가 안 좋아지면 화장품을 바꾸기보다는 지금 피부 상황에 맞 는 화장품을 사용하고 있는지, 생활습관이 달라진 것은 아니지 점 검하는 게 좋다. 여름이면 코가 번들번들 기름이 자주 껴서 고민 이었는데, 여름에 지성으로 바뀌는 피부를 잘 살피지 못하고 사계 절을 스킨부터 크림까지 꼬박꼬박 바르는 바람에 그랬던 거였다.

여름에는 로션으로 기초화장을 마무리하고 가을바람이 불어올 즈음부터 로션에 페이스 오일을 섞어 바르거나 크림을 바르고 있다.

자연스러운 피부 노화를 제외한다면, 20대 초반보다 30대에 근접한 지금 피부 상태가 더 좋아졌다고 느낀다. 세안 후 피부가 당기는 느낌이 거의 없어졌는데 합성계면활성제 성분이 든 클렌징제품을 사용하지 않게 되면서다. 20대 초반, 얼굴에 꼭 하나씩 달고 살았던 트러블도 좀처럼 만날 수가 없게 되었는데 두터운 화장을 잘 안 하면서 채식 위주의 식습관을 유지한 게 큰 몫을 한 것 같다. 피부를 위한 가장 좋은 일은 비싼 화장품을 바르는 것이 아니라 좋은 것을 먹고 충분히 숙면하는 것이라는 진부한 말은 나에게는 언제나 반짝이는 말이 되었다.

마지막은 섬유유연제다. 섬유유연제 역시 세탁 본래 기능을 충분히 다하는 세탁세제가 있기 때문에 사용하지 않아도 될 것 같았다. 어렸을 때는 섬유유연제를 사용하지 않았던 것 같은데 언젠가 세탁 시장에 출시되고 나서부터 당연하게 사용된 것도 틈이라고 생각했고 무엇보다 어려서부터 길들여져 온 빳빳한 수건이 주는 감촉이 섬유유연제를 사용해서 폭신해진 수건보다 좋았다.

섬유유연제는 말 그대로 옷감을 부드럽게 한다. 음이온 계면
활성제인 세제로 세탁된 섬유에 양이온 계면활성제를 흡착시켜
중화시킴으로써 정전기를 방지한다. 더불어 많은 사람들이 섬유
유연제를 사용하는 이유이기도 한, 좋은 향이 있다. 하지만 세탁
막바지에 넣어서 섬유에 입히는 방식이고 실리콘이나 석유화학성
분을 함유하고 있어 피부에 자극을 일으킬 수 있다. 부드러운 섬
유는 되려 흡수성이 떨어질 수 있어서 수건에는 사용하지 않는 게
좋다.

식초를 소량 넣으면 흡수성을 저해하지 않고 세탁물에 잔여
세제가 없으면서도 섬유를 부드럽게 할 수 있고 건조하는 과정에
서 식초 특유의 냄새도 사라진다. 진짜 필요를 느끼지 못하고 '다
들 사용하니까'라는 생각으로 섬유유연제를 사용했던 것 같다. 이
제 마트 진열장을 가득 메운 섬유유연제 코너를 미련 없이 지나치
고 있다. (섬유유연제 사용을 고민했던 6년 전의 이야기. 요즘은 성분이
좋은 섬유유연제를 어렵지 않게 찾아볼 수 있다)

한창 생활용품을 덜어냈던 시기 이후에 나는 여전히 얼굴에
바르는 것을 간소하게 하고 린스와 섬유유연제를 되도록 사용하
지 않고 있다. 린스, 기초화장품, 섬유유연제를 사용하지 않거나

줄이게 되면서 평생 관련한 쓰레기를 만들지 않을 수 있게 되었는데 무엇을 선택할지 고려하고 사용하는 시간과 비용은 덤으로 얻게 되었다. 어떤 기능을 화학물질에 맡기기보다는 자연스러운 방법으로 기능하고 회복할 수 있는 경험을 했다. 앞으로 그런 생활의 감각, 자연의 감각을 많이 찾고 싶다. 생활용품 다이어트는 평생, 지금도 느슨하게 이어지고 있다.

제로웨이스트와 웨이스트
그 사이

생활용품 다이어트를 해나가면서 익숙하게 사용하는 생활용품에 대한 의문이 생겼다. 린스나 섬유유연제뿐 아니라 세제, 탈취제, 폼 클렌징, 치약 등 일상생활에서 매일 사용하는 것들 중 유해성에 대한 문제제기가 없었던 제품이 없었다. '왜 우리가 꾸준하게 사용하는 것들은 쓰레기를 만들 수밖에 없는 걸까?'라는 고민은 '왜 우리가 꾸준히 사용하는 것들임에도 불구하고 안전하지 않은 걸까?'라는 의문에 닿았다.

화학물질에 대한 공부를 해나가면서 부끄럽지만 뒤늦게 가습기 살균제 참사를 알게 되었다. 가습기 살균제에 들어 있던 유해화학물질이 호흡기를 통해 폐에 영향을 미쳐 사용자는 폐 섬유증과 같은 치명적인 폐질환에 걸리거나 사망했다. 원인불명의 폐질환으로 사망하는 사람들이 갑자기 늘자 역학조사를 시작했고, 가습기 살균제가 원인으로 지목되었다. PHMG(폴리헥사메틸렌구아니딘), PGH(염화올리고에톡시에틸구아니딘), BKC(염화벤잘코늄)등의 물질이 원인이었는데 피부에 닿거나 섭취했을 경우에는 독성이 낮은 것으로 알려져 있지만 호흡기에 어떤 영향을 미치는지 알려진 바가 없이 사용되었다는 게 결정적 원인이었다.

해당 기업은 문제제기를 한 소비자에게 구매한 물품에 대한 보상은 해드리겠지만 가습기 살균제와 질병의 인과관계에 대한 의문이 존재한다고 답변했다. 가습기 살균제 사건이 지금처럼 사회적인 이슈가 되어 사회적 참사 특별조사위원회가 만들어지기 전에, 정부는 기업의 잘못을 국가가 나서서 해결해주기는 어렵다고 말했다. 그 피해를 감당하는 일은 가족들에게 더 깨끗하고 편한 숨을 만들어 주고 싶었던 사람들에게 고스란히 돌아갔다. 집계된 사망자는 1만 4천여 명, 건강피해 경험자는 67만 명에 달하고 (2020년 7월 기준), 10년이 지난 지금도 가습기 살균제 참사의 피해자를 가려내는 일을 하고 있다.•

기업에서 만든 각종 생활용품에 들어 있는 유해화학물질에 대한 두려움이 생겼다. 무엇보다 유해성이 제대로 밝혀지지 않은 제품을 판매하고 책임은 생각하지 않는 모습이 불신을 갖게 했다. 국가의 태도도 마찬가지, 이후 유해화학물질에 대한 사건이 있을 때마다 빈번히 인체에 영향을 미치는 수준은 아니라는 연구결과를 제시하는 것에 그쳤다. 그런 물품들을 수십 개나 사용해도 그럴까? 우리가 닿고 흡수할 수 있는 모든 경로를 고려한 걸까? 동물 실험의 결과가 아니라 실제 사람에게 사용되는 경우에도 그럴까? 막연한 두려움이 커져갔다.

당장 할 수 있는 해결방법은 일상에서 찾는 거였다. 값싸고 쉽게 구매할 수 있는 다국적기업과 대기업의 제품보다 환경과 건강에 대한 감수성과 고려가 있는 작은 기업들의 제품을 구매했다. 직접 생활용품을 만들어서 사용하는 사람들과 생활용품 DIY 재료 시장을 알고 나서는 직접 만들어서 사용하기 시작했다.

직접 만들어서 사용해도 될까? 진짜 오이로 오이스킨을 만들었다가 피부가 왈칵 뒤집히기도 하고, 천연세탁을 하겠다며 신발을 과탄산소다를 푼 물에 너무 오래 담가두었다가 신발 색이 모두 빠지는 바람에 아끼던 것을 버린 적도 있다. 전문가들이 개발한 제조법과 위생적인 공장의 환경이 더 나은 것이 아닐까, 다들 아무렇지 않게 사는데 너무 유난스러운 것이 아닐까 의심이 들었다. 처음 하는 일에 시행착오는 당연하지, 오기와 호기심으로 꾸준히 시도하면서 만들어서 사용하는 생활을 이어나갔다.

직접 만드는 것도 괜찮네! 처음 안심을 준 건 폼 클렌징이었다. 시판 폼 클렌징으로 세안을 하고 나면 얼굴이 금방 당겨서 곧바로 보습제를 발랐다. EM 발효액과 애플워시를 주재료로 만든 폼 클렌징으로 세안을 하고 나서는 세안 후 곧바로 얼굴이 당기는 일이 없어졌다. 자연유래 계면활성제와 피부의 자생력을 키우는 EM발효액을 사용했기 때문인 것 같다. 주방세제로 뚝배기를 설거지한 후 뚝배기를 끓이면 숨구멍에 있던 잔류세제가 부글부글 끓어 나오는 장면을 본 적이 있다. 그 이후로 설거지를 한 그릇이라도 언제나 찝찝한 마음이 들었다. 천연계면활성제를 주 재료로 하는 주방세제를 만들고 나서는 그런 찝찝함을 덜어낼 수 있었다. 스킨, 로션, 선크림 등 직접 만들어서 사용한 화장품이 피부에 닿는 느낌이 훨씬 산뜻하고 개운했다. 재미가 들리자 세탁세제, 립밤, 립스틱 등 다양한 것들을 만들어서 사용했다.

묵직한 문제의식으로 시작했던 DIY이지만 재미있게 해나갔다. 아는 재료, 아는 방법으로 생활용품을 만드는 건 만드는 즐거움과 뿌듯함을 넘어 매일매일 안심을 줬다. 비교적 재료가 단순하기 때문에 재료 하나하나의 기능을 알아보면서 자신감이 붙었다. 중복되거나 과한 기능을 가진 재료를 빼면서 레시피를 단순하게 만들어 나가기도 했다. '원하는 것이 없으면 직접 만들어서 사용한다.'는 DIY 정신을 살려서 아로마 오일과 천연비누 제조 과정을 배우기도 했다.

이 과정에서 '화학물질'이라고 해서 무조건 나쁘고, '자연유래', '천연'이라고 해서 좋을 거라는 생각을 거두게 되었다. 우리는 화학물질과 화학적인 과정을 거친 것들을 사용하지 않고는 살수 없을 뿐 아니라 자연유래물질은 재배, 추출, 유통과정에 따라친환경 재료가 아닐 수 있기 때문이다. 우리가 경계해야 할 것은 화학물질이 아니라 충분한 안정성 검토를 하지 않고 화학물질을 사용하는 기업과 정부의 안일한 태도라는 것을 떠올린다.

그런데 딜레마가 생겼다. DIY를 하면서 도리어 쓰레기를 더많이 만들게 되었다. DIY를 위한 재료들은 플라스틱 용기나 비닐에 담겨왔는데 스킨이면 스킨, 세제면 세제, 본래 완성된 제품 하나에 담긴 용기만 만들던 걸 재료 때문에 서너 개를 만들었다. 혼자서 하는 취미이다 보니 사용 기한 내에 다 쓰지 못해 버리는 경우도 찾았고 비용적인 면에서도 그냥 구매하는 편이 훨씬 나았다. 생활용품을 직접 만드는 일은 흔히 '친환경'이라고 일컬어지지만 꼭 그렇지는 않은 것 같다고 생각했다. 적어도 내가 유지했던 생활에서는 그랬다. 스스로 만드는 것을 사용해야 안심이 된다는 민감함에서 살짝 벗어나서 조금 더 지속 가능한 방법을 찾아보기로 했다. 어떤 방식으로든 화학물질을 사용하지 않을 수 없고, 쓰레기를 만들지 않을 방법도 없다면 조금 덜 수고롭고, 환경에 덜 영향이 가지만 직접 만들어 쓰는 재미와 안심을 놓치지 않는 방향을 찾아야겠다고 생각했다.

최근 비누가 다양한 쓰임으로 시중에 판매되고 있다. 성분이 믿을 만한 건 물론 용기 자체가 필요 없어서 비누로 대체할 수 있는 생활용품은 모두 비누로 사용하게 되었다. 처음 DIY생활을 할 때부터 꾸준하게 만들었던 폼 클렌징과 주방세제는 비누에게 자리를 내줬다. 머리감기, 샤워, 빨래 역시 비누로 해결한다. (나의 비누사랑 이야기는 뒤에서 더 자세하게 나온다) 오직 하나의 생활용품을 만들기 위해서 필요한 재료가 있는 경우에도 만들지 않기로 했다. 대신 좋은 가치로 제품을 만드는 기업에서 성분을 전보다 조금 더 고려해 고르고 구매한다. 요즘은 스킨과 클렌징 오일, 옷이나 요가매트, 마스크에 뿌리는 탈취제 정도를 직접 만들어서 사용하고 있다.

쓰레기를 제로! 제로웨이스트의 관점에서 본다면 DIY생활을 하지 않는 게 맞을지도 모르겠다. 한 달에 한 번 스킨을 만들고 하나의 용기에 계속 리필해서 사용하는 제로웨이스트와 스킨을 만들기 위해 무수에탄올, 글리세린, 아로마 오일, 가용화제 등이 담긴 용기를 구매하고 버리는 웨이스트 사이에서 DIY생활은 이어진다. 쓰레기를 만들지 않으면서 성분도 좋은 생활용품을 사용하는 일이 가능할까? 그 밖의 생활에서는? 우리가 제로웨이스트와 웨이스트 그 사이 어디쯤에 있을 수밖에 없다면, 쓰레기를 제로로 만들려는 강박은 조금 덜고 제로웨이스트를 바라보는 쪽으로 서기로 했다. 제로웨이스트는 쓰레기를 만들지 않으려는 시도도 모두 포함하는, 첫인상과 다르게 품이 넓은 단어이니까. 제로웨이스트는 느슨하지만 지속적인 나의 탐구 주제가 되었다.

간단한 DIY를 알려드릴게요

공기를 정화하거나 살균할 때, 혹은 향으로 기분전환이 필요할 때 등등 아로마 오일을 이용한 스프레이는 생활 속에서 유용하게 쓰인다. 아로마 스프레이 레시피와 내가 자주 만들어서 사용하는 아로마 오일을 공유한다. 튼튼한 하나의 용기에 계속 리필해서 쓰면 좋을 것 같다.

아로마 스프레이 레시피(30ml 기준)

- 재료: 에센셜 오일 12방울, 무수에탄올 10ml, 정제수 20ml
- 에센셜 오일은 용도에 따라 골라 쓰면 되는데 단일 향을 사용해도 좋고, 향을 맡아보며 블렌딩을 해도 좋다.
- 무수에탄올과 정제수는 약국에서 구입할 수 있다. 보존 기간은 약 한 달 반이다.
- 피부에 직접 닿는 것이 아니라면 에탄올의 농도는 20~40%, 에센셜 오일의 양을 2~4% 조절할 수 있다.

용도별로 추천하는 에센셜 오일

● 섬유탈취: 레몬, 유칼립투스, 페퍼민트

● 요가매트: 만다린, 로즈마리, 레몬글라스, 로즈우드

● 마스크(호흡기): 레몬, 유칼립투스, 페퍼민트, 티트리, 타임

● 숙면: 오렌지, 마조람, 라벤더, 제라늄

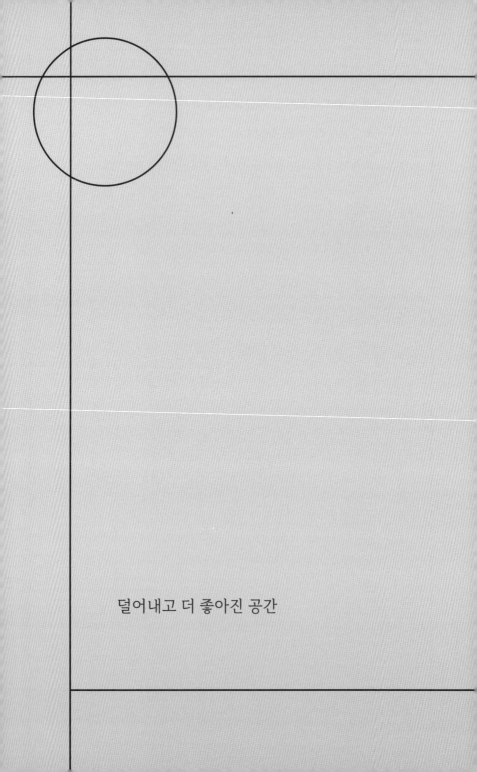

덜어내고 더 좋아진 공간

02

공간

시장까지
열 발자국

나는 친언니인 U와 함께 살고 있다. U는 대학 졸업 후 줄곧 서울에 살았고, 나는 3년 전 직장에서 서울로 발령이 나면서 이사 오게 되었다. 갑작스러운 발령에 집을 구하지 못하고 U가 살던 집에 함께 살았고, 그 이후로 계속 함께 살고 있다.

자매인 우리는 아무래도 어렸을 때를 회상하면서 추억하는 음식이 같다. 소풍 단골메뉴였던 단무지 볶음밥은 갖가지 재료를 잘게 썰어 알록달록한 색과 단무지의 달콤하고 짭쪼름한 맛이 포인트다. 퇴근하고 돌아온 엄마가 뚝딱 만들어줬던 김치전도 참 자주 먹었는데 오징어나 옥수수 통조림을 넣을 때면 한 끼에 5장은 더 부쳐 먹었던 것 같다. 더운 여름에 우유와 꿀을 섞어서 얼려 먹었던 아이스크림, 할머니가 간식으로 종종 해주셨던 건빵강정까지. 성인이 된 이후 다시 밥상에 마주 앉게 된 우리는 종종 어린 시절 즐겨 먹었던 요리를 하며 그때를 회상했다. 그 시절에는 한 번도 먹어 보지도 들어 보지도 못했던 요리도 해먹었다. 맛있어? 어때? 간이 좀 짜게 된 것 같지? 둘 중 예민한 사람의 선호에 맞춰서 요리를 하며 입맛을 맞춰갔다. 본래 식구였던 우리는 다시 그 글자 의미 그대로 '식구'가 되었다. 처음 하게 된 서울 생활은 U, 그리고 U와 함께 먹는 음식들 덕분에 빠르게 적응할 수 있었다.

우리는 곧 조금 더 넓은 집으로 이사를 갔다. 걸어서 20분 거리에 어린이 대공원과 아차산이 있고, 5분 거리에는 중랑천이 있는 곳. 무엇보다 열 발자국 거리에 중곡제일골목시장이 있다. 열 발자국이라는 거리는 정말 가까워서 U의 방 창문에는 시장 간판이 보이고, 시장 초입에 있는 채소가게 사장님의 목소리를 하루 종일 듣게 된다. 시장이 집 앞이라니, U와 나는 말하지 않아도 우리가 집에서 시장까지 가는 길을 반질반질하게 닦아 놓을 정도로 드나들 거라는 걸 예감했다. 야채, 과일, 생선, 조개, 떡, 두부, 김 등등 시장에는 맛있는 음식과 냄새와 밝은 조명과 활기찬 분위기가 하루 종일 머무른다. 먹고 싶은 것이 생기면 바로 나가서 신선한 재료와 음식을 사올 수 있었다. 먹고 싶은 것이 제때 떠오르지 않아도 일단 시장 한 바퀴를 돌다 보면 어느새 양손에는 이것저것이 들려 있다.

고기를 먹지 않는 나와 익숙한 음식을 선호하는 U가 시장에서 사는 것들은 매번 비슷하다. 두부는 우리 집의 든든한 단백질원, 단골가게 '콩가네 두부'는 국산 콩 두부가 3,500원인데 집에 있는 가장 큰 용기를 가져가야 겨우 담을 수 있을 만큼 큼직하다. 가장 큰 용기를 가져가 내밀면 사장님은 용기에 능숙하게 두부를 담아주신다. 어느새 봤는지 내 손에 들려 있는 뚜껑도 건네받고는 똑똑 소리가 나도록 잘 닫아주신다. 두부만큼 폭신한 웃음과 함께 구매금액 3,000원당 1장씩 주는 쿠폰까지 챙겨주시니, 다음에 또 올 수밖에 없다.

쌀쌀한 공기가 느껴질 때면 슬슬 생각나기 시작하는 조개탕. 조개탕을 먹고 싶으면 시장 첫 번째 블록 모서리에 위치한 '남해수산'으로 간다. 사장님에게 "둘이서 조개탕 끓여 먹으려고요!"라고 말하면 여러 종류의 조개를 알맞은 양으로 구성해주신다. 하늘색 소쿠리에 담긴 조개의 무게를 달고 계실 때 손에는 지퍼백을 준비한다. 몇 번이고 반복해서 사용해 구깃구깃하고 물 얼룩이 끼어 있지만 아직까지 튼튼한 지퍼백은 크기가 커서 막 담기 좋다.

사장님은 지퍼백에 조개를 담아주시며 조개탕 끓이는 방법도 알려주신다.

"다른 간 할 필요 없이 조개만 끓이면 되고, 마지막에 청양고추를 썰어 넣으면 맛있어!"

최근에 조개탕이 자주 생각나 몇 번을 갔는데도 매번 레시피를 알려주시니, 아직 내 얼굴을 외우지는 못하신 것 같다.

오래 보관해도 괜찮고 도시락 반찬으로 더없이 좋은 마른 반찬은 우리 집 냉장고를 언제나 지키고 있다. 반찬가게에서는 보통 일회용 스티로폼 접시에 반찬을 담아 랩으로 팽팽하게 포장해두는데, 두 번째 블록 초입에 위치한 '궁전 반찬'은 소량만 포장해두고 나머지는 큰 반찬통에 수북이 담아 놓고 그때그때 퍼준다. 집에 가서 따로 옮겨 담지 않고 바로 냉장고에 넣을 생각으로 그리 크지 않은 반찬통을 내밀어서 사장님이 반찬을 담느라 애쓰시지만 언제나 정량보다 더 많이 담았다고 말씀해주셔서 감사하다.

그렇게 시장을 오가는 길이 윤이 나기 시작했을 무렵, 한 가지 깨달은 사실이 있다. 갑자기 먹고 싶어진 음식을 참지 못하고 오밤중에 새벽 배송으로 주문하거나(배송비를 안 내려고 필요 이상의 음식을 주문하게 된다), 좋은 채소를 먹고 싶어서 대중교통까지 이용해 집과 멀리 떨어져 있는 생협에 가거나, 주말에 심심풀이로 떠나는 대형마트 여행을 거의 하지 않게 되었다. 그 말은 신선식품이 담겨오는 스티로폼 상자나 택배 상자, 비닐, 플라스틱, 아이스팩 등 현관에 가득 쌓여 배출 날짜를 기다리는 포장 쓰레기가 줄었다는 말이기도 하다. 시장은 포장 쓰레기를 만들지 않고 재료를 구매할 수 있는 내가 아는 가장 좋은 방법이 되었다.

물론 미리 구매할 품목을 정하고 미리 그에 맞는 용기나 봉지를 챙겨가지 않으면 장을 다 보고 나올 때 양손이 검정봉지로 가득 들려 있는 곳도 시장이다. 가게 입구마다 봉지 다발이 매달려 있고, 이미 일정량이 포장되어 있는 곳도 많아 쓰레기 없이 장을 보는 일은 가끔 게임같이 느껴진다. 배경은 시장, 미션은 쓰레기 없이 장보기, 미션을 성공하지 못했다면 그 이유를 기억해두었다가 다음에 꼭 성공하리라(쓰레기 없이 장을 보리라) 다짐하는 것을 보면 영락없는 게임이다.

이 게임에서 필요한 능력들은 말해보자면 이렇다. 먼저 준비력. 부지런한 준비로 구매하려고 하는 품목에 알맞은 통이나 천주머니, 여러 번 쓰고 있는 지퍼백 등을 챙겨간다. 몇 번 다녀보면 구매하고자 하는 것에 꼭 맞는 용기의 짝을 알게 된다. 순발력도 중요하다. 손이 빠른 상인 분들은 손님이 매대 앞에서 품목을 고민하고 있을 때 일단 봉지를 뜯어 놓고 계신다. 가게 앞에서 미리 가지고 온 용기나 봉지를 꺼내 놓고 필요한 것을 말하기 전에 "담아갈 곳은 있고요~"라고 이야기를 꺼낸다. 다음은 관찰력. 야채, 떡, 반찬 등이 이미 비닐이나 스티로폼에 포장되어 있는 곳이 많지만 잘 찾아보면 한데 쌓아 놓고 그때그때 포장해주는 곳들이 있다. 포장해 놓지 않았다는 건 원하는 양만큼 흥정이 가능하다는 말이기도 해서 적은 양을 사야 하는 소형가구에게 특히 좋다.

제로웨이스트 장보기는 무엇보다 익숙해져야 한다. 쓰레기 없이 장보기의 어려움은 의외로 부끄러움이었다. 주섬주섬 집에서 챙겨온 통이나 봉지를 내밀며 여기에 담아달라고 말하는 게 쑥스러웠다. 쿨하게 주는 대로 받으면 되는 걸, 이것저것 요청하거나 거절하는 말이 어려웠다. 몇 번 쓰레기 없는 간편함과 뿌듯함을 느끼다 보니 부끄러움은 자연히 멀어졌다. 걱정하는 것보다 상인 분들도 원하는 곳에 잘 담아주시고 가끔 우리도 어쩔 수 없이 사용하는데 손님이 이렇게 가져오면 좋다고 공감해주신다. 익숙해지기 위해서는 많이 시도해보는 것밖에는 없다.

마지막으로 유연함이 필요하다. 집이 코앞이라 봉지 안 주셔도 된다고 말해도 흐르면 안 된다며, 가방에 묻을 수 있다며 꼭꼭 봉지에 담아주시는 상인 분들이 있다. 일회용을 쓰고 싶지 않다고 덧붙여도 말이다. 그럴 때는 오래도록 매대를 지키며 오랜 시간 손님을 받아오신 분들의 의견을 존중하며 그냥 받아온다. 다음에는 더 꼼꼼히 준비해서 다시 방문해 보리라고 생각하면서 말이다.

얼마 전 집 계약을 2년 더 연장했다. 부지런히 집 밥을 해먹을 수 있도록 도와주는 시장이 고맙게 느껴지며 언젠가 '지금의 집을 떠나 다른 동네로 이사를 가게 된다면 나는 어떻게 장을 보게 될까?'라는 고민이 스친 적이 있는데, 일단 앞으로 2년은 걱정 없이 시장을 드나들 수 있어서 기쁘다. 시장에서 장을 보는 즐거움, 쓰레기 없이 장보는 보람과 간편함을 맛보게 된 이상 그때는 또 그때에 맞는 제로웨이스트 장보기 방법을 찾게 될 것 같다. 수압이나 집에 햇볕이 잘 들어오는지와 같이 근처에 시장이 있는지를 기준으로 집을 찾을 수도 있을 것 같다.

장을 보지 않더라도 종종 시장 길을 통해서 집에 온다. 칸마다 물감이 잘 짜인 팔레트처럼 열을 맞춰 가지런하게 정돈된 먹거리들, 먹거리들이 더 먹음직스러워 보이도록 밝혀 놓은 조명, 성실함이 밴 상인들의 얼굴과 몸짓, 좌우로 고개를 샅샅이 살피며 매

대를 구경하면서도 발걸음은 부지런히 앞을 향하는 방문객들. 시
장을 구성하는 이 모든 요소들이 알맞게 버무려져서 만든 분위기
는 활력 그 자체다. 시장을 걷다 보면 어느새 그 활력이 옮아 기분
이 한결 좋아지는 걸 느낀다. 그렇게 좋은 기운을 얻고 시장을 빠
져나오면 열 발자국 거리에 우리 집, 시장과 가까울수록 쓰레기를
줄이는 일에 가까워진다.

도시락에 수북이
담겨 있는 것들

　　방금 급식생활을 해왔던 기간을 계산해보고 조금 소름이 돋았다. 유치원 1년, 초등학교 6년, 중학교 3년, 고등학교 3년, 대학교 4년, 그리고 첫 직장 3년, 총 20년 동안 급식생활을 해왔다.

　　급식에 익숙한 나는 급식생활의 이점을 잘 알고 있다. 우선 시간과 에너지를 들이지 않고 매 끼니를 해결할 수 있다. '오늘 뭐 먹지?'에 대한 고민 없이 매일 다른 메뉴를 먹을 수가 있다. 아침, 점심, 저녁 제시간에 딱딱 맞춰서 나오기 때문에 규칙적인 식생활이 가능하다. 대학생 때까지는 급식생활이 당연한 일이었는데, 직장인이 되고 다시 만난 급식은 유독 반가웠다. 모든 것이 미숙하고 낯선 사회생활에서 꼬박꼬박 밥을 먹는 것은 큰 위로였기 때문이다.

다시 만난 급식의 품에서 오래오래 행복할 줄 알았는데, 계속된 급식생활에 곧 입맛이 지쳐갔다. 매일 다른 메뉴는 매달 반복되었고, 청소년이 주 고객인 곳에서 그들이 좋아한다며 냉동식품과 튀김, 고기 위주의 식단이 자주 등장했다. 기분과 입맛에 따라 먹고 싶은 음식이 있기 마련인데, 당연히 그런 것들은 고려되지 않았다. 회사와 그 바로 옆에 딸린 급식소는 외딴곳에 있어서 식당에 가려고 해도 차를 타고 나가야 했다. 직접 해먹으면 되었지만 조리도구는 물론 솜씨도 갖추고 있지 않아서 요리는 아주 가끔 했다. 하나둘 조리도구가 늘어나고 스스로 밥을 지어 먹는 횟수가 늘어날 무렵에는 서울로 발령이 났다. 서울에는 단체급식소가 없어서 직원들이 주로 식당에서 밥을 사먹는다던데, 발령이 결정되고 내가 한 일 중 하나는 메모장에 도시락 메뉴를 적는 일이었다.

새로운 환경에서 사람들과 어울리며 분위기에 익숙해지려고 식당엘 다녔는데 잘 맞지 않았다. 매일 메뉴를 고르는 일도, 메뉴를 고르지 못해서 배회하다가 적당한 식당에서 적당한 식사를 하는 일도, 상사의 식사를 챙긴다고 매번 함께 먹는 일도 모두 점심시간을 즐겁게 만들어주지 못했다. 급식생활에는 없었던 만만치 않은 식대지출은 더 빠르게 도시락 생활을 시작하게 해줬다.

요리와 메뉴 구성에 요령이 없어서 처음 얼마 동안은 퇴근 후 시간을 온통 도시락을 만들기 위해 장을 보고 요리를 하는 데 사용했다. 저녁밥은 허기에 쫓겨 대충 먹으면서도 부엌에 서서 내일 먹을 도시락을 만들었다. 유부톳주먹밥, 호박잎쌈밥, 템페구이를 곁들인 카레, 콩라구소스덮밥, 감자샐러드샌드위치 등등. 손재주가 있는 편이라 처음 만져보는 재료도 곧잘 다루고 처음 먹어 보는 메뉴도 곧잘 해나갔다. 맛과 멋을 모두 갖춘 '도시락 같은 도시락'을 만들기 위해서 애썼다.

하루 종일 컴퓨터 화면을 보고 앉아서 머리만 쓰고 일하다가 퇴근해서 손을 이용해서 요리를 하는 시간이 좋았다. 재료를 씻고, 닦고, 자르고, 무치고, 뿌리고, 볶는 등의 단순한 행동들은 오감을 자극했다. 야근하고 돌아온 날에도 퉁퉁 부은 다리로 주방에 서서 도시락을 만들면서 스트레스를 풀었다. 나를 위한 시간을 충분히 보내지 못했던 그날의 아쉬움을 달래기 위한 방법도 요리였다. 그렇게 만든 도시락을 회사에 가져가면 동료들은 언제나 부지런하다, 솜씨가 좋다며 칭찬을 해줬다. 서로의 도시락을 구경하며 나눠 먹는 즐거움은 도시락 생활의 큰 원동력이었다.

도시락의 가장 좋은 점은 뭐니 뭐니 해도 점심시간의 여유로움이다. 식당을 고르고, 메뉴를 고민하고, 주문한 음식을 기다릴 필요가 없다. 12시에 딱 시간을 맞춰서 도시락을 먹을 수 있으니 많을 때는 밥을 먹고도 40분의 자유시간이 주어진다. 밥을 다 먹고 남는 시간에는 보통 회사 주변을 산책한다. 평소에는 출퇴근하며 가장 짧은 길만을 이용해서 다니곤 하는데, 특별한 목적 없이 그저 시간을 때우고 배를 꺼뜨리는 이 시간은 일부러 새로운 길을 찾아다닌다. 숨어 있던 작은 카페, 가까운 것을 알고는 있었지만 일부러 찾아가지는 않았던 서점, 풍경 좋은 목에 있는 벤치, 지금 아니면 절대로 발을 들여놓지 않을 회사 건물 뒤편의 골목골목을 다니며 잠시나마 일상에 숨통을 틔운다. 우연히 들어간 카페의 음료가 너무 맛있을 때, 매번 같은 시간에 같은 위치에서 볕을 쬐고 있는 고양이를 발견할 때처럼 작고 소중한 순간들을 만나면 보물을 발견한 것처럼 기분이 반짝거린다. 매일 새로운 보물 하나를 만들고 싶은 마음으로 산책을 다닌다.

도시락은 쓰레기를 줄이는 일과도 연결되어 있다. 집에서 싸가지고 온 도시락을 풀어놓고 다 먹고는 그대로 싸가지고 가면 그만이다. 배달이나 포장에서 나오는 플라스틱 용기, 숟가락, 나무 젓가락 그리고 이 모은 것이 담겨오는 비닐봉투 쓰레기를 만들지 않는다. 무엇보다 음식물 쓰레기가 나오지 않는다. 도시락에는 내가 먹을 만큼의 양을 담아온다. 많이 먹는 사람이나 나눠 먹고 싶은 사람은 많이, 적게 먹는 사람은 적게, 적당히 먹는 사람은 적당히, 대부분 싸온 음식을 다 먹게 된다. 식당에서는 음식을 시킨 사람의 양을 고려할 수 없으니 합의된 일정량이 나오는데, 푸짐한 것이 정이고 서비스인 한국의 문화에서 이 일정량은 나에게 대부분 너무 많다. 도시락을 먹으면서 음식물 쓰레기를 남긴 적을 손에 꼽는다면, 식당에서는 안 남긴 적을 손에 꼽는다.

우리나라 사람이 1인당 버리는 쓰레기가 하루에 약 930g 정도 되는데, 이 생활 쓰레기 중 1위는 음식물 쓰레기로 47%를 차지한다고 한다. 또 우리나라 음식물 발생원의 1위는 가정이나 소형음식점에서 나오는 것으로 70%를 차지한다고 하니 남겨지는 음식에 대한 진지한 고민이 필요해 보인다.[*] 오래된 역사를 가지고 있는 식당 중 몇몇 곳은 '남자 밥'과 '여자 밥'이 나뉘어져 그 양이 다르다. 여성임에도 많이 먹는, 남성임에도 적게 먹는 친구들을 생각하면 마음에 드는 구분은 아니지만 양을 선택할 수 있다는 점에서 합리적이다. 매운탕 대大자, 소小자처럼 공기밥 대大자, 소小자 뭐 이런 표현과 선택은 어떨까.

어느덧 도시락 생활 3년차, 퇴근 후 시간을 온통 주방에서 보냈던 3년 전과는 다르게 이제는 출근하기 10분 전에 도시락을 싸기도 한다. 도시락다운 도시락을 만들어야 한다는 강박 때문에 도시락 생활이 부담스러울 때가 있어서 꾸준히 유지할 수 있을 만큼의 시간과 에너지를 쏟기로 했다. 갖가지 야채를 쪄서 밥과 쌈장을 싸가기도 하고, 엄마와 시장의 손을 빌린 두세 가지의 반찬과 주말에 해먹고 남은 음식을 담기도 한다. 소박함이 멋이고 여유로움이 맛인 도시락 생활을 이어가고 있다.

자, 오늘도 도시락을 열어볼까. 저녁에 미리 쌀을 불려 놓고 아침에 갓 지어온 밥의 신선함, 내 입맛을 고려해 담은 반찬들의 조화, 나에게 적절한 양을 담아내는 감, 가끔 반찬과 함께 담겨오는 엄마의 사랑, 오늘도 점심시간을 여유 있게 사용할 수 있다는 기대감, 아침에 도시락 정도는 담아낼 수 있는 여유를 두는 일상의 노련함이 수북이 담겨 있다. 나는 앞으로 얼마나 직장생활을 하게 될까? 그건 잘 모르겠지만 집 밖에서 일을 하는 동안에는 도시락 생활도 함께한다는 건 확신할 수 있을 것 같다. 급식생활을 해왔던 시간만큼 도시락 생활을 하게 된다면 그때는 나를 더 잘아는 어른이 되어 있겠지? 도시락 안에는 밥과 반찬 이외에 나에게만 보이는 것들이 있다.

도시락을 싸가지고 다녀보세요

생활인을 위한 도시락 싸기 요령

- 여유롭게 요리해먹는 날에 1, 2인분을 더 하면 도시락 반찬으로 활용할 수 있다.

- 집에 남은 애매한 재료를 몽땅 사용할 수 있는 카레나 볶음밥은 도시락 단골 메뉴로 좋다.

- 도시락을 함께 먹을 동료를 구하면 보다 재미있는 도시락 생활이 가능해진다. 생각보다 호기심을 가지는 동료들이 많다.

- 도시락을 함께 먹기로 한 동료들과 일정 금액을 내서 반찬을 구매해 놓고 각자 밥만 가져오면 덜 부담스러운 도시락 생활이 가능하다.

- 집에 쓰지 않는 숟가락과 젓가락, 여분의 접시와 빈 반찬통을 회사에 가져다두면 자연스럽게 다회용을 사용하는 문화를 만들 수 있다.

- 퇴근하고 집에 와서 도시락 통을 설거지하는 일은 생각

보다 귀찮다. 일터에 개수대가 있다면 점심을 먹고 도시
락 통을 바로 설거지하면 좋다.

꾸러미와 포장지,
질문과 연결

안녕하신가요? 새달의 첫날 어떻게 시작하셨나요? 저는 차분하고 편안하게 시작했습니다. 아침에 산책을 하다 만난 개미취꽃입니다. 보랏빛의 은은한 색이 마음을 편하게 해주는 거 같아요. 오늘 칠월의 꾸러미가 식구들 집에 도착할 예정이에요. 덥고 습한 날씨라 입맛이 없어지기도 하는데 끼니 잘 챙겨 드시길 바래요.

한 달에 한 번. 꾸러미의 도착소식을 알려주는 농부님의 문자가 온다. 한 달 새 달라진 계절의 변화를 덧붙이며 그에 맞는 안부를 물어오는 문자. 덕분에 바쁜 일상을 잠시 멈추고 답장을 보내며 동시에 나의 안부를 묻곤 한다.

작년 한 해, 한 달에 한 번 꾸러미를 받았다. 꾸러미는 농산물 꾸러미를 줄여서 부르는 말인데, 농부님에게 농산물을 직접 받아 볼 수 있는 직거래 방법이다. 여러 사람의 손을 거치지 않은 싱싱한 농산물을 직접 받을 수 있다는 점과 내가 먹는 것을 기르는 사람과의 관계가 형성된다는 점이 특별한 점이다. 작년 한 해 관계를 맺었던 농부님은 자칭 '소소농小小農'이지만 기계와 농약을 사용하지 않는 자연농법을 고수하고 있고, 때때로 만나 농사일도 함께하고 요리도 해먹자는 약속이 마음에 쏙 들어서 꾸러미를 받아 보게 되었다.

'오늘은 집에 가서 꾸러미를 정리해야지.'

꾸러미 도착 문자를 받는 날에는 퇴근길이 더욱 설렌다. 꾸러미 상자에는 문자보다 훨씬 더 긴 이야기가 담긴 농부님의 편지가 있는데 편지를 좋아하는 나는 다 제쳐두고 편지를 가장 먼저 읽는다. 채소의 이름, 보관법, 농부님이 즐겨 하는 요리법, 채소에 담긴 사연과 안부인사까지. 어느 계절이든 비슷하게 살고 있는 도시에서의 일상과 달리 계절의 변화에 따라서 자연스럽게 변하는 농부님의 일상을 상상하면서 편지를 읽다 보면 하고 싶은 질문이 많아진다. 농부님, 젊은 나이에 농사를 지어 보기로 결심한 이유는 무엇인가요? 홍성이라는 지역에 살고 있는 이유는요? 시골생활이 심심하지는 않으신가요? 매번 이렇게 건강한 요리방법을 알려주시는데 인스턴트나 패스트푸드도 드시나요? 편지에서 밖으로 질문이 길게 이어진다.

편지를 덮은 후에야 풍겨오는 흙냄새 그리고 풀냄새, 이번에는 채소의 이름을 찾아줘야 한다. 꾸러미 속 채소는 언제나 익숙한 것들과 낯선 것들이 섞여서 오기 때문에 하나하나 꺼내서 보고 농부님이 편지에 설명해 놓은 모양과 똑같은 것인지를 대조해본다. 작년에만 소리쟁이, 갈퀴나물, 뽕잎순, 스위스차드, 명아주라는 채소를 처음 알게 되었다. 그 다음은 보관 작업. 싱싱한 채소들을 한 아름 받았으니 내일 당장 맛있고 푸짐한 한 끼의 식사를 차리고 싶지만 일어나면 출근이 바쁜 직장인. 아쉽지만 꾸러미 채소로 차린 풍성한 식탁은 주말로 미뤄두고, 주말에도 좋은 상태로 먹을 수 있도록 손질한다. 채소의 흙을 털고, 물에 씻고, 껍질을 벗기거나 적당한 크기로 잘라둔다. 싱싱하게 보관하기 위해 신문지나 물에 적신 키친타월, 얇은 손수건으로 덮거나 말아서 보관한다. 이렇게 하면 꾸러미 맞이는 끝이 난다.

꾸러미를 처음 받은 날, 농부님의 편지 말미에는 아래와 같은 글이 적혀 있었다.

쌀은 비닐에, 다른 것들은 종이봉투에 넣어 보내드리는데요. 일상에서 재사용이 가능하시면 하셔도 좋고, 모아두었다가 꾸러미 친구들을 만나는 때에 저에게 전해주시면 봉투를 매번 구입하지 않고 재사용하는 데 도움이 될 거 같습니다. 번거로우시겠지만 함께해주세요. 고맙습니다.

꾸러미는 그 말을 정확하게 실현해서 매달 내 주의를 사로잡았다. 한번은 종이봉투에 '쑥'이라고 적혀 있었는데 열어 보니 시금치였다. 농부님이 헷갈리셨구나 생각하고 넘어갔는데 그 이후에도 종종 그렇게 봉투에 적힌 이름과 실제 채소가 다를 때가 있었다. 쌀이 담겨오는 지퍼백은 이미 많이 사용했는지 한눈에 봐도 낡아 있었는데 유난히 많이 해진 지퍼백에 담긴 쌀알이 샐 때도 있었다. 채소를 감싸고 있는 신문지에는 오늘로부터 1년이 훌쩍 지난 날짜가 찍혀 있기도 했다. 말린 차나 페스토가 담겨오는 유리병은 낡은 뚜껑에서 그 사용감이 느껴졌고, 유리병을 둘둘 마는 데 사용한 완충재는 온라인에서 책 한두 권을 구매할 책이 담겨오는 뾱뾱이 봉투였다. 꾸러미를 몇 번이나 받아보고 또 잠깐 멈칫하는 순간이 쌓이고서야 농부님이 처음 편지에 쓰신 글이 생각났다. 포장에 대한 고민과 불편하지만 함께해달라는 부탁, 농부님은 종이봉투에 적힌 채소의 이름을 헷갈리신 게 아니었다.

'그래도 마음'. 포장은 받는 그때뿐이라지만 어떤 대가를 지불하고 무언가를 받는 사람은 응당 그 대가를 충족시켜 줄 상품을 기대하기 마련이다. 깨끗한 포장이 하고 있는 모양은 꼭 주는 사람의 마음과 정성을 대변하는 것 같다. 물건을 주고받는 순간의 감동에 넘쳐나는 쓰레기는 뒷전이 되기 쉽다는 걸 쌀알이 줄줄 새고 있는 지퍼백을 보면서 생각했다. 이렇게 닳았는데, 새 지퍼백에 담아주시면 좋을 것 같은데, 그래도 파는 건데, 그래도 받는 건데, 그래도 선물인데, '그래도 마음'은 종종 합리성을 얻는다.

첫 번째 꾸러미와 어떻게 연결되셨는지 궁금합니다.

다시 첫 편지. 농부님은 첫 꾸러미를 보내오면서 '연결'이라는 단어를 사용했다. 연결? 알 것 같으면서도 모르겠는, 익숙하면서도 멀게만 느껴지는 단어였다. 처음 보는 사람, 아니 일면도 없는 사람에게 연결이라니. 농부님은 내가 '연결'이라는 단어를 어떻게 느끼는지의 여부와 관계없이 언제나 연결을 이야기했다.

혹시 채소의 활용법에 대해 도움을 받고 싶은 분들은 저에게 연락주세요. 도움을 통해 연결되고 싶어요.

그리고 자꾸 안부를 물어오셨다.

해질녘 정처 없이 걷는 요즘이 참 평안한데, 꾸러미 식구들은
요즘 어떻게 마음을 채우는지 궁금합니다.
여름이 시작되었음을 알리는 하지 무렵의 감자 캐기가 한창
입니다. 한 시기가 시작되는 시기에 꾸러미 식구들은 어떤 시
기를 지내고 있는지 궁금합니다.
겨우내 올해 해왔던 일들을 차곡차곡 쌓고 정리하는 시간을
보내려고 하는데, 꾸러미 식구들은 겨울을 어떻게 보내고 싶
은지 궁금합니다.

처음에는 뭐라고 답장을 보낼까 고민하다가 번번이 타이밍을
놓쳤는데, 꾸준히 물어주시는 안부인사가 감사해서 매번 시간을
들여서 꼬박꼬박 답장을 했다. 그러면 반가운 마음 담아 다시 답
장을 주는 농부님. 일 년간 꾸러미를 받아보면서 글로 많은 대화
를 주고받았다. 이번 달에 보낸 답장은 그 다음 달 꾸러미 편지에,
한참이 지난 후 서로의 마음을 표현하는 문자에 전해져왔다. 그렇
게 매달 안부를 물으며 꾸러미를 전해주고, 답장을 하고 꾸러미를
받으면서 지내니 '연결'이라는 단어를 조금 알 것 같았다. 지난번
에 받은 꾸러미 채소를 시장에서 봤을 때, 계절의 변화를 실감하

는 장면을 봤을 때, 농부님에게 전해 받은 안부를 다른 누군가에게 실어 나를 때 농부님이 생각났다. 한 번도 보지 않았지만 매일 보는 사람에게도 전하지 않는 마음과 생각을 나눌 수 있을 만큼 신뢰가 쌓였을 때 연결이라는 단어가 조금 더 선명해지는 걸 느꼈다. 동시에 '그래도 마음'은 '그럼에도 마음'으로 변해갔다.

처음 꾸러미 포장에서 느낀 당혹감은 어느새 관찰과 배움으로 바뀌었다. 농부님이 보내오는 투박한 포장이 정겹게 느껴졌고, 나도 포장하고 담을 수 있는 것들을 모으기 시작했다. 종이봉투와 지퍼백의 상태가 괜찮다면 고이 접어서 서랍에 차곡차곡 넣어두고 유리병은 깨끗이 씻고 말려서 싱크대 아래 바구니에 모아둔다. 택배 상자와 완충재, 여러모로 활용하기 좋은 신문지도 모은다. 선물 받은 상자와 포장지가 재사용에 무리가 없어 보이면 역시 모은다. 그렇게 차곡차곡 모으다가 적절한 때를 발견하면 활용한다. 더 좋은 포장에 대한 아쉬움이 담긴 '그래도 마음'이 생긴다면 응원과 애정의 마음을 더 담아 '그럼에도 마음'으로 변화시킨다. 농부님, 농부님도 꾸러미를 보낼 때 이런 기분을 느끼셨나요? 농부님도 주방의 서랍에, 신발장의 한 편에, 창고에 다음 사용을 기다리는 용기와 포장재가 있나요? 농부님에게 궁금한 것이 더 많아졌다.

안타깝게도 꾸러미 식구들이 모일 때 포장지를 가져와 달라는 요청을 한 번도 지키지 못했다. 코로나 19로 인한 거리두기가 일상화 되면서 일면식이 없는 누군가를 쉽게 만나기 어려운 분위기가 되었기 때문이다. 농부님과 꾸러미 식구들을 만나지 못하는 아쉬움이 주방 서랍의 종이봉투처럼 차곡차곡 쌓여가고 있다. 아쉽지만 그래도 괜찮다. 버려지지 않고 다시 사용될 포장지들처럼 언젠가 다른 방법과 예기치 못한 기회로 만나게 될 테니까. 내 손에 들어온 것들은 쉽게 버리지 않고 모아뒀다가 적절한 곳에 사용하는 사람이 되고 싶다. 한번 맺게 된 인연에게 꾸준히 안부를 묻고 연결을 시도하면서 많은 안부와 응원을 날라줬던 농부님처럼 말이다.

농산물 꾸러미를 받아보세요

　내가 먹는 농산물을 기른 사람과의 관계가 맺어져 있다는 것은 특별한 경험이다. 농산물에 대한 호기심이 생기고 어떻게 하면 더 잘 먹을 수 있을까 고민하게 된다. 이 채소를 기르고 수확하고 담았을 마음을 생각하면 작은 자투리 채소도 함부로 버리기 힘들다. 지난 한 해, 자연농법으로 기른 제철채소를 받으면서 계절에 나는 채소를 가장 신선한 상태에서 먹을 수 있었다. 이전에는 몰랐던 다양한 채소를 알게 되는 건 또 다른 즐거움이다. 이 경험은 참 소중해서 많은 분들이 시도해보셨으면 좋겠다. 농부님 개인이나 농장이름의 SNS나 온라인 쇼핑몰을 통해서 꾸러미 신청을 받는다. 기후위기 속에 점점 어려워지는 자연농법, 자연과 가장 밀접하게 일하고 살아가는 농부님들의 이야기에 더 귀를 기울이게 된다. 꾸러미가 서로에게 응원이 되었으면 좋겠다.

부엌에서 그려지는
어떤 고리

동네에 손님이 오면 꼭 데려가는 식당이 있다. 강원도 음식을 전문으로 하는 곳으로 메밀과 감자, 각종 고지를 활용한 음식이 메뉴의 대부분을 이룬다. 정갈하고 푸근한 맛이 좋아 백이면 백, 데려간 손님들 모두 좋아한다.

이곳을 찾는 재미 중 하나는 기본 반찬이 계절에 따라, 상황에 맞춰 살짝 다르게 나온다는 점이다. 한번은 말린 무 같은 오독오독한 재료가, 새콤하면서 고소한 맛이 나는 양념에 무쳐 나와 입맛을 확 끌어당겼다. 마침 주문한 요리를 가져오시는 직원 분에게 여쭤보니 배추김치의 심지만 따로 모아 씻고 잘라서 참기름에 볶은 반찬이라고 했다. 보통 김치의 심지는 손님상에 잘 내지 않는데, 식당 직원 분들이 식사 반찬으로 먹다가 너무 맛있어서 손님 상에도 냈다고 했다. 알뜰하게 재료를 활용한 반찬이 맛까지 인정받아 손님의 테이블에! 맛은 물론 그 지혜로움이 좋아 요리할 때 김치심지까지 사용해서 반찬을 만들어 먹는다.

또 한 번은 표고버섯의 밑동이 먹기 좋은 식감으로 꽈리고추와 함께 볶은 반찬으로 나왔다. 부침개에 국에 밥에, 표고버섯이 요리 중에 자주 등장하는 식당에서 이 밑동은 자주 나오는 부분일 텐데 역시 알뜰하게 활용하고 있었다. 밑동은 식감이 질겨서 모아 두었다가 국물을 낼 때나 사용하곤 했는데, 먹을 수 없다고 생각했던 각종 버섯의 밑동도 잘게 찢거나 다져서 요리에 활용하게 되었다. 다음에는 또 어떤 반찬을 볼 수 있을까. 식당에 방문할 때마다 요리의 지혜가 하나씩 쌓여가는 기분이다.

〈식벤져스〉●라는 예능 프로그램이 있다. 한식, 양식, 중식을 특기로 하는 셰프들이 '제로 식당'을 운영하는 내용이다. 제로 식당은 농가나 식당에서 통상 버려지는 식재료를 활용하고 냅킨이나 물티슈 등 일회용품을 사용하지 않으며 제로웨이스트를 지향한다. 광장시장 육회거리의 인기메뉴인 낙지 탕탕이에 쓰이고 남은 낙지머리는 한 달 평균 11만 마리, 육회 위에 노른자를 올리고 남은 달걀의 흰자는 연간 100만 개가 버려진다. 1인 가구의 증가로 작게 개량된 꼬꼬마 양배추는 알맹이를 제외한 겉잎이 버려지는데 그 양이 연간 500톤이며, 중량 미달로 버려지는 일반 양배추도 100톤에 달한다. 한 해 버려지는 브로콜리 잎은 2만 톤이다. 음식과 채소가 우리에게 익숙한 모습으로 오기 전에 버려지는 것들에 대해 처음 생각해보게 되었다. 먹음직스러운 노-란 노른자 뒤에 버려지는 수백만 개의 달걀흰자라니, 브로콜리 잎은 어떻게 생겼는지도 잘 몰랐다. 프로그램에서 보여 지는 건 아주 일부분이라는 생각을 하니 많이 안타깝다.

〈식벤져스〉의 요리사들은 안타까움을 놀라움으로 전환시킨다. 낙지 머리를 다져 만든 속에 달걀흰자로 만든 머랭을 덮어 튀긴 머랭 만두를, 버려지는 아스파라거스 밑동과 양배추 겉잎, 중량이 초과 되서 폐기 위기인 닭을 활용해 궁중요리인 월과채를 만든다. 죽순 껍질로는 밀크티를, 감자 껍질로는 아이스크림을 만들어서 식사의 마지막까지 기대하게 만든다. 난생 듣도 보도 못한 요리를 내는 요리사들을 보며 과연 버려진 식재료를 구하는 〈어벤져스〉답구나 생각했다. 나도 내 주방에서 나오는 버려지는 재료를 잘 활용해봐야겠다는 생각이 들었다. 〈식벤져스〉의 요리사들 같은 능력이 없다는 것은 일찍이 인정하고 김치의 심지나 표고

버섯의 밑동을 활용하는 단골 강원도 음식점처럼 말이다.

— 껍질 째 먹기: 뿌리채소

채소는 대부분 좋아하는 편인데 뿌리채소는 특히 더 좋아한다. 무, 당근, 우엉, 고구마, 마, 감자 등등 익혀서 한입 베어 물면 포근하게 입속에서 녹아드는 식감과 제각기 다른 맛과 향이 뿌리채소의 매력이다. 따뜻한 성질인 뿌리채소가 몸을 따뜻하게 해준다니 수족냉증을 사계절 달고 사는 내가 더 좋아할 수밖에 없다.

뿌리채소는 땅속에 묻혀 있기 때문에 대체로 흙이 묻은 채로 판매한다. 깨끗하게 세척해서 나온 것보다 흙이 묻은 모습이 더 자연스럽고 믿음이 간다. 뿌리채소는 흐르는 물에 부드럽게 한 번 씻어준 후 코코넛 솔로 문질러 남은 흙을 제거해준다. 본래 껍질에 좋은 성분이 더 많다니 흙만 제거되었다면 대체로 껍질째로 요리한다. 포근한 식감의 속과 적당한 식감이 있는 껍질의 조화가 꽤 괜찮다.

— 버리지 않고 얼리기: 껍질, 꼭지, 뿌리, 심

내가 하는 요리 재료가 대부분 채소다 보니 손질 후 나오는 음식물 쓰레기의 역시 채소다. 흙에 뿌려 놓으면 자연스럽게 썩어서 양분이 될 채소 껍질, 꼭지, 뿌리, 심을 보고 있으면 안타깝다는 생각이 자주 든다. 이 껍질들의 활용을 고민하다가 많은 요리사들이 채소의 껍질을 채수로 활용하는 지혜를 보고 나도 그렇게 하고 있다. 채소 손질 후 남은 껍질, 꼭지, 뿌리, 심을 실온에서 살짝 말린 후 한데 섞어서 냉동실에 넣어둔다. 파의 뿌리, 양파의 껍질, 표고버섯과 팽이버섯의 밑동, 가지와 토마토, 파프리카의 꼭지, 양배추의 심까지. 이 외에 너무 많이 불려 요리를 하고도 남아버린 미역이나 오랫동안 먹지 않고 있는 콩 같은 것들도 버리지 않고 일단 모두 얼린다. 이 자투리들은 주말 브런치 단골 메뉴인 된장국의 채수를 낼 때 유용하게 쓴다. 버려질 뻔한 채소의 구석구석 들어 있던 기운과 맛이 남김없이 국에 들어갔는지 우리 집 국은 참 맛있다. 육수와 달리 담백하고 깔끔한 뒷맛이 매력이다. 마늘 한 쪽의 양 끝부분까지 버리지 않고 담아내고 있는 나를 보면 엉뚱하지만 칭찬하고 싶다.

— 요리 재료는 냉장고에서 찾기: 자투리 채소

자취를 처음 시작했을 때 시장에서 구매한 당근을 담아온 검정봉지 그대로 주방 선반에 놓아둔 적이 있다. 그대로 당근의 존재를 잊고 며칠을 지냈다가 주방에서 불쾌한 냄새가 나는 걸 감지하고서야 선반 속 당근이 생각이 났다. 검정 봉지 속의 당근은 액체가 되어 썩은 냄새를 풍기고 있었다. 난생처음 액체 당근의 끔찍한 냄새를 맡고 나서는 집에 있는 채소를 부지런히 먹어야 한다는 강박이 생겼다.

채소를 부지런히 먹는 방법 중 하나는 지금 집에 있는 재료로 요리를 시작하는 것이다. 우리는 어떤 음식을 하려고 하면 일단 익숙한 재료를 떠올린다. 가령 떡볶이라고 한다면 떡, 어묵, 파, 양파, 양배추 같은 재료들을 떠올리는 식. 익숙하지 않지만 지금 있는 재료들로 요리를 하면 채소를 부지런히 먹을 수 있을 뿐 아니라 색다른 조합과 맛을 발견을 할 수 있다.

한번은 떡볶이가 너무 먹고 싶어서 냉장고에 있는 자투리 채소들을 총동원해서 만들어 먹은 적이 있다. 떡과 함께 떡볶이에는 잘 들어가지 않는 감자, 호박, 무, 토마토를 넣었는데 채소의 포슬포슬함과 달콤함이 떡볶이 양념과 참 잘 어울렸다. 이것은 작은 신세계! 신이 나서 무와 호박을 보내줬던 농부님께 신세계의 존재를 알려드리니 본인도 평소에 무, 감자, 당근, 고구마, 호박 등의 야채를 듬뿍 넣어 떡볶이를 만들어 먹는데 채수가 깊이 우러나와서 맛이 더 깊어지고 야채를 듬뿍 먹을 수 있어서 좋다고 했다. 집에서 요리를 즐기는 사람들과 이야기를 해보면 안다. 집에 있는 재료를 남김없이 처리하는 기쁨은 하나의 조미료라와 같다는 것을.

— 간단하고 맛있게 먹기: 양배추, 당근, 부추, 브로콜리

마트에 가면 갖가지 채소가 이미 세척되어 나오는 것은 물론 볶음밥, 샐러드 등 용도에 맞게 잘려 나와서 다양한 야채를 구매하는 게 덜 부담스러워졌다. 안타까운 점이라면 주로 플라스틱 포장이 되어 있다는 것. 시장은 포장 없이 살 수 있지만 소분 문화가 활발하지 않아 통째로 혹은 많이 사야 하는 일이 잦다. 양배추 한 통, 부추 한 단, 꼭 몇 개씩 묶어 파는 당근이나 호박. 부지런히 먹을 궁리를 해야 한다. 먹어야 하는 채소의 양이 많을수록 가장 간단한 방법으로 요리한다.

양배추는 비교적 오랫동안 보관이 가능하고 요리의 활용 범위도 넓어서 양이 많더라도 구매하는 부담이 적은 편이다. 잘게 잘라 샐러드로 먹거나 적당한 크기로 잘라 각종 볶음 요리에 넣으면 어디나 어울린다. 살짝 쪄서 직접 만든 쌈장에 곁들여 먹는 게 제일 맛있다.

당근은 향과 식감도 그렇지만 일단 색이 예뻐서 이번 요리에

꼭 넣고 싶은데 번번이 두세 개를 묶어서 판다. 액체 당근을 다시 보지 않으려면 싱싱할 때 먹어야 한다. 그럴 땐 언제 먹어도 맛있는 당근 라페를 만들면 되기 때문에 필요 이상의 양이라도 선뜻 구매한다. 채칼로 잘게 썬 당근을 소금에 살짝 절인 후 물기를 제거하고 홀그레인 머스타드와 후추, 올리브 오일을 섞어주면 완성이다. 당근 라페는 빵이나 야채구이는 물론 밥반찬으로 먹어도 잘 어울린다.

부추는 보통 한 손가락으로 다 움켜쥐지 못하는 양을 판다. 부침개나 만두를 먹고 싶을 때 종종 사곤 하는데 조금 밖에 사용하지 않아서 매번 많이 남는다. 그럴 때 부추간장을 넉넉하게 만든다. 부추를 0.5cm 정도 잘게 자른 다음 부추가 잠길 만큼의 간장과 적당량의 설탕, 고춧가루, 참기름을 넣어 하루 정도 숙성시킨다. 부추의 단맛과 조미료들이 잘 어우러진 부추간장은 달걀밥이나 부침개, 각종 튀김과 다양하게 잘 어울린다.

브로콜리도 라면, 파스타, 볶음 요리 등에 다양하게 활용하지만 역시 살짝 쪄서 드레싱과 함께 먹는 게 가장 간편하고 맛있다. 한국인에게는 초고추장이 익숙하지만 드레싱을 살짝만 바꿔도 브로콜리를 여러 가지 맛으로 즐길 수 있다. 오리엔탈 드레싱을 곁들이거나 짭짤한 치즈를 녹여서 함께 먹으면 새로운 맛이 된다. 으깬 두부에 간장, 들깨가루, 설탕을 넣은 두부들깨소스를 만들어서 브로콜리 위에 풍성하게 얹어 먹으면 또 다른 맛의 브로콜리가 된다.

냉장고와 바구니를 가득 채웠던 채소들이 점점 줄어드는 것을 보고 있으면 기분이 좋다. 잘 먹고 잘 지내고 있구나, 일상을 확신하게 되는 장면이다. 냉동실에 넣어둔 자투리 채소로 채수를 만들 때면, 제 쓸모를 끝까지 발휘하는 채소들 덕분에 나의 쓸모도 더해진 것 같은 기분이 든다. 내 손에 들어온 채소를 키울 때 들인 에너지와 채소가 가진 에너지를 귀히 여기는 마음을 잊지 않으려고 한다. 그러다 보면 자연스럽게 쓸모를 고민하며 부지런히 부엌에 서게 된다. 재료를 사용하고, 줄어드는 재료를 보면서 잘 먹고 잘 지내고 있다며 일상을 확신하고… 부엌에선 언제나 선순환의 고리가 동그랗게 그려지고 있다.

채소를 끝까지 활용해보세요

채소를 유용하게 활용할 수 있는 요리책 추천

'재료'를 다룬 요리책을 종종 활용한다. 재료를 보관하는 방법, 재료를 이용한 요리법, 책을 펴낸 요리사가 가진 지혜까지. 인터넷으로 검색하면 훨씬 다양하게 나올 테지만 깔끔하게 정리되고 그 내용이 제한된 요리책이 좋다. 책장 한쪽에 두었다가 재료를 잘 보관하거나 색다르게 다루고 싶을 때 열어 보면 신선하게 활용할 수 있다.

- 《남은 채소, 요리가 된다》(다니시마 세이코 지음, 다봄)
- 《자투리 채소 레시피》(주부의 벗사 펴냄, 안테나)
- 《제로 웨이스트 키친》(류지현 지음, 테이스트북스)
- 《재료의 산책》(요나 지음, 어라운드)

덜어내고 만나게 된 물건

03

물
건

비누, 이 세계를
채우는 사라짐

대학 입시를 위해 본격적으로 공부를 시작했던 고등학교 2학년 무렵부터 내 사물함에는 비눗갑 하나가 놓여 있었다. 스트레스가 있었지만 어떻게 풀어야 할지 잘 모를 때면 사물함의 비눗갑을 가지고 화장실로 향했다. 비눗갑에는 오이비누가 들어 있었다. 오이비누로 손을 씻고 나서 물기를 털고 손에 남은 잔향을 맡으면 스트레스가 살짝 풀리는 기분이 들었다. 비누로 손을 씻는 일의 시작이, 다시 연필을 잡아야 하는 손을 씻은 개운함 때문이었는지, 포근한 비누향기 때문이었는지는 모르겠지만 수능을 마칠 때까지 오이비누로 스트레스를 소소하게 풀곤 했다. 아, 오이비누였던 이유는 아버지가 마트에서 네 개에 한 묶음으로 파는 오이비누를 매번 집에 사다 놓으셨기 때문이다.

수능이 끝나고 사물함을 정리할 때는 왠지 다시 사용할 일이 없을 것 같아 비누 조각이 든 비눗갑을 통째로 휴지통에 버렸다. 대학에 들어가서는 생활용품의 대부분을 용기 제품으로 사용했다. 그중에서도 향이 강한 제품을 썼는데, 샴푸의 향이 스쳐 지나가는 사람에게까지 느껴질 만큼 강한지, 아침에 사용한 바디워시의 향이 밤에 잠이 들 때까지 몸에 남아 있는지의 여부는 친구들에게 그 제품을 추천해줄 만한 이유이기도 했다.

그에 반해 투박하고, 향도 오래가지 않는 비누. 이제 쓸 일이 없다고 생각했던 비누를 다시 손에 집어 들게 된 건 쓰레기를 줄이기 위한 시도를 하면서부터였다. 단순히 유해화학물질이 없는 생활용품을 고르는 일은 쓰레기 문제를 비켜갔고, 직접 만들어서 사용하는 일은 구매하는 일보다 쓰레기를 훨씬 많이 만들어냈다. 성분과 플라스틱 용기의 문제점을 모두 해결할 수 있는 방법은 비누였다.

다시 만난 비누 중에는 샴푸비누가 있었다. 비누로 머리를 감는다니. 초등학교 때 집에 샴푸가 떨어져서 비누로 머리를 감았다가 머리카락이 너무 뻣뻣해져서 그대로 손이 머리카락과 엉켜 버린 기억이 있다. 머리를 빗다가 빗는 쪽으로 머리가 딸려갈 만큼 머리카락이 뻣뻣해져버리는 게 아닐까? 샴푸에 알맞은 계면활성제 성분과 보습제를 사용한 샴푸비누는 흔히 마트에서 구매할 수 있는 비누와 달랐고, 시판 샴푸만큼 사용감이 좋았다. 머리를 감기 전과 머리에 거품을 잔뜩 만들었을 때 빗질을 한 번씩 해주면 머릿결이 훨씬 부드러워졌다. 그래도 뻣뻣하다고 느낄 때 사용할 수 있는 린스비누도 있었다.

욕실에만 어울린다고 생각했던 비누가 주방에도 등장했다. 1년에 소주 컵으로 두 컵 분량의 잔존 세제를 먹는다는 주방세제는 그만큼 성분도 중요하다. 요즘에는 과일의 잔존 농약을 벗겨내고, 설거지를 하고, 손을 씻어도 무방한 성분 좋은 주방 비누가 많이 판매되고 있다. 얼굴에 바른 화장품을 씻어내기 위해서는 '폼클렌징'이라고 이름 지어진 제품을 써야 되는 것 같았는데 비누에도 충분한 세정력이 있다. 피부에 사용하는 만큼 피부 특성에 맞는 성분을 첨가하거나 보습을 강화한 세안 전용 비누도 물론 있다. 샴푸, 세안, 샤워, 설거지, 빨래까지 그렇게 집안 곳곳에 비누를 채워나갔다.

펌프 용기를 1회 펌프하면 약 3.5ml 정도의 내용물이 나온다고 한다. 매일 머리를 감는다고 가정하면 100일 그러니까 약 세

달 동안 350ml 용량의 샴푸를 사용한다. 1년에 네 개의 용기를 만들어내는 꼴이다. 거의 매일 머리는 감는 U와 내가 한 달 조금 넘는 기간 동안 한 개의 샴푸비누를 사용하는 걸로 어림잡아 계산해보면 한 사람은 1년에 약 여섯 개의 샴푸비누를 사용하게 된다. (나는 단발보다 짧은 머리, U는 단발보다 긴 머리다) 우리나라 인구를 대략 5000만 명으로 기준하고 그 절반인 2500만 명이 매일 용기에 든 샴푸로 머리를 감는다고 하면 매년 10만 개의 플라스틱을 용기를 사용한다는 계산이 나온다. 샴푸비누 사용을 통해서 1년간 플라스틱 용기 10만 개를 줄일 수 있다는 말이기도 하다.

비누를 정말 좋아한다. 그간 사 모으는 기호품이 따로 없었는데 비누가 내 기호품이 되었다. 새로운 비누나 써보고 싶은 비누가 있으면 이미 집에 1년 동안 쓸 비누가 있어도 사고 본다. 비누가 좋아서 천연비누 제조 과정을 공부하기도 했다. 비누를 다시 사용하게 된 이유는 좋은 성분과 포장 용기가 없다는 것 때문이었지만, 좋아하게 된 건 그보다 많은 이유에서다.

먼저 향. 집안 곳곳에 들여놓은 비누를 사용할 때마다 자연스럽게 향을 맡게 된다. 주방비누의 자몽향은 시트러스 계열 향의 특성상 기분을 고양시켜줘서 설거지의 지루함과 귀찮음을 달래준다. 호감 가는 프래그런스 향을 첨가한 빨랫비누를 사용하면 섬유유연제를 사용하지 않아도 빨랫감에 좋은 냄새가 머문다. 특히 샤워할 때 사용하는 비누를 좋아한다. 따뜻한 물의 습기로 가득 찬 좁은 샤워실은 집중에서 향을 맡기에 더없이 좋은 환경이다. 부글부글 끓어오르는 거품마다 은은하게 차오르는 향, 따뜻한 물의 습기를 머금은 향은 더욱 포근하게 느껴진다. 비누를 다 씻어낸 샤워타월에 남은 잔향도 남기지 않고 코를 박아 몇 번이고 향을 맡는다. 덕분에 설거지, 손빨래, 샤워까지, 비누를 사용하는 세정과정을 좋아하게 되었다.

여행이나 외부 일정으로 집 밖에서 머무를 때가 있다. 미처 챙겨가지 못했을 경우에는 숙소에 있는 샤워용품을 쓰는데 나와 맞지 않는 향과 과도한 세정력을 가진 용품을 며칠이고 쓰고 있으면 빨리 집에 가고 싶어진다. 내가 좋아하는 향과 내가 아는 성분의 비누가 주는 안심을 빨리 느끼고 싶어진다. 후각은 다른 감각들과 비교했을 때 대뇌변연계에 직접 도달하는 만큼 도달 시간이 짧아 즉각적인 기분전환이 가능하다고 하니, 향을 맡으며 기분을 전환하는 방법은 분명 일리가 있어 보인다. 표현할 순 없었지만 고등학교 때 이미 오이비누로 향이 주는 위안을 느끼고 있었는지도 모르겠다.

비누가 사라지는 것을 보는 것도 비누 사용의 큰 즐거움이다. 손에, 수세미에, 샤워타월에, 머리에, 빨랫거리에 문지르다 보면 비누는 눈에 띄지 않게, 그러나 어느새 닳아져 있다. 아이들은 매일매일 조금씩 자라서 자라는 게 눈에 보이지 않다가 어느새 보면 쑥 커 있다는데, 어린아이들의 성장과는 정반대다. 시간이 지날수록 작아지고 없어진다. 비누가 닳아지는 것을 바라보면서 시간이 또 얼마만큼 지났음을 인지한다. 그렇게 닳아서 없어지는 비누. 쓰임을 다한 후 흔적 없이 사라지는 마땅함. 비누에는 그런 마땅함이 있다. 유해한 화학물질로부터 비교적 자유롭고, 포근한 향이 나고, 플라스틱 용기도 나오지 않고, 자연스럽게 사라지는 비누. 그리고 비누를 좋아하는 마음까지. 비누 같은 것들이 나와 이 세계를 가득 채웠으면 좋겠다고, 어느새 줄어든 비누를 보면서 생각한다.

비누는 건조가 중요해요

비누의 건조를 도와주는 물건들

내가 사용하고 있는 비누는 대체로 수제비누인데, 물러지는 것을 방지하기 위해 제조과정에서 글리세린을 제거하는 일반비누들과 달리 수제비누는 글리세린을 함유하고 있어서 잘 건조시키지 않을 경우 무르기 쉽다. 비누의 보관과 건조를 위해서 비누받침, 비누망, 비누홀더를 사용할 수 있다.

비누받침은 플라스틱, 실리콘, 도자기, 세라믹 등 재질이 다양하고 가장 보편적으로 구매할 수 있다. 비누홀더는 비누에 자석 원형캡을 끼우고 홀더에 붙여서 사용한다. 좁은 욕실의 공간을 차지하지 않으면서 건조가 잘된다. 비누망 역시 걸어서 사용하기 때문에 공간 활용에 좋지만 재질별로 특성이 무척 다르다. 폴리에틸렌PE 비누망은 튼튼하고 거품이 잘 나고 비누의 건조가 잘 되지만 마찰 과정에서 미세플라스틱을 만들어낸다. 삼베와 면 비누망은 실의 두께와 디자인에 따라서 사용감이 많이 다르다. 대체로 비누의 건조가 잘 되지 않아 쉽게 물러지고 비누 모양이 흐트러진다. 실크 비누망은 실크의 실이 얇으면서 튼튼해서 비누망에 든 채로 사용하기 좋고 건조도 잘된다. 단 시중에서는 거의 찾아보기 힘들다.

누군가 주물 팬으로
요리를 해준다면

정시 퇴근을 하고 별다른 약속도 없어서 집에 일찍 가는 날이 가끔 있다. 모처럼 만인지라 나를 잘 대접하고 싶다는 기특한 마음으로, 집으로 향하는 지하철에서 내내 오늘 저녁에 뭘 먹을지 생각한다. 집에 도착하면 배고픔에 치여서 서두른 요리를 하지 않으려고 일단 물 한 잔을 가득 따라 마신다. 그리고는 주물 프라이팬을 든다. 주물 프라이팬은 코팅이 되어 있지 않아 예열을 잘 해야 한다. 충분히 예열된 상태에서 기름을 둘러야 자연적인 코팅막이 생겨서 재료가 팬에 눌어붙는 걸 방지할 수 있다. 일단 약한 가스 불에 주물 프라이팬을 올려놓고 나서 요리 재료를 찾는다.

요리가 너무 복잡하면 밥을 먹기도 전에 지칠 수가 있어서 간단해야 한다. 너무 많이 먹으면 배가 불러서 그날 저녁은 더 이상 몸과 머리를 쓸 수 없으니 양도 적당해야 한다. 나를 잘 대접하기 위한 몇 가지 조건들을 머릿속으로 반복하면서 재료를 찾다 보면 그려지는 음식은 대부분 단순하지만 꽤 근사하게 기분을 낼 수 있는 구이 요리로 정해진다. 냉장고와 실온의 야채 보관 바구니에서 구워 먹기에 좋은 재료들을 샅샅이 골라낸다.

휘뚜루마뚜루 요리해먹기 좋은 양파와 감자, 좋아해서 자주 사다 놓는 버섯, 오래 보관이 가능한 양배추는 주물 프라이팬 구이의 단골이자 주재료다. 먹고 남아 냉동실에 얼려둔 떡 사리나 미리 해동해 둔 템페는 반가운 손님이자 부재료다. 채소구이의 간은 후추가 전부일 터라 곁들여 먹으면 좋을 채소라페가 있으면 적당한 간과 함께 알록달록한 색깔도 먹음직스럽게 맞출 수 있다. 만들어 둔 채소라페가 없다면 냉장고에 항상 대기 중인 피클이나 장아찌도 괜찮다.

골라낸 재료는 그 특징에 따라 구웠을 때 가장 먹음직스러운 모양을 고민하면서 자른다. 양배추는 빼곡히 쌓인 잎의 단면이 가지런하게 드러날 수 있게 자르고, 감자는 다른 재료들과 같은 시간 구워도 다 익을 수 있도록 상대적으로 얇게 자른다. 버섯은 즙이 안에 가득 차게 굽기 위해서 자르지 않는다. 재료 준비가 어느 정도 되면 예열 중인 주물 팬에 기름을 두른다. 기름이 팬에 빠르게 퍼진다면 충분히 예열이 된 상태. 치-하는 소리가 주는 작은 희열을 느끼면서 주물 팬 위에 재료를 빼곡하게 채운다.

　주물 팬은 지켜야 할 규칙이 많다. 예열, 세척, 길들이기, 보관의 번거로움과 비교해본다면 요리는 느긋해도 좋다. 충분히 예열된 주물 팬은 열을 가득 품고 있어서 일정한 열기로 오랫동안 재료를 익게 해준다. 주물 팬으로 만든 요리가 기본적으로 맛이 좋은 이유다. 게으른 관심으로 바닥에 눌어붙어버린 재료를 박박 긁어도 괜찮다. 코팅을 하지 않았기 때문에 코팅제가 음식에 묻어나오거나 코팅이 깨질 걱정을 하지 않아도 된다. 기본 재료가 선철이라 철분이 묻어나오니 자연스럽게 철분을 섭취할 수도 있다. 재료가 익는 동안 식기를 챙기고 함께 마실 음료를 고른다. 재료는 더도 말고 덜도 말고 딱 한 번 뒤집는데, 뒤집은 후에 나머지 한 면이 구워지는 동안 음악을 선곡하는 여유도 부린다. 불을 끄고는 구워진 야채와 곁들일 반찬들을 접시에 단정하게 담아낸다. 나이프를 이용해서 먹기 좋게 자르고 포크를 이용해 입에 가져간다. 모처럼의 저녁을 느리게 보내고 싶은 마음을 담아 꼭꼭 씹고, 고개를 들어 자주 들어 창밖을 바라본다. 몇 번이고 반복할 수 있는 소소한 저녁, 만족감이 넉넉하게 퍼진다.

다 먹은 후에는 뒷정리가 귀찮은 일이 되지 않을 만큼만 게으름을 부린 후 일어난다. 주물 팬은 세제를 사용하지 않아야 한다. 세제를 사용하면 주물 팬의 보이지 않는 구멍 곳곳에 세제가 스며들어 다음 요리할 때 섭취할 수 있기 때문이다. 세제를 사용하지 않기 때문에 요리에서 사용한 기름을 불리기 위해 뜨거운 물을 사용하는 게 좋다. 주물 팬은 천천히 식기 때문에 요리 후에 바로 차가운 물을 부으면 금이 갈 수도 있어 기본적으로 따뜻한 물을 사용해 세척한다. 기름기가 많다면 소주나 밀가루를 이용하면 좋은데, 나는 보통 밀가루 한 스푼을 풀어서 수세미로 닦아준다.

보통이라면 이제 팬을 건조대에 두면 끝이겠지만 주물 팬은 아직이다. 마른 천으로 팬의 물기를 닦아준 다음 가스레인지 위에서 중약불로 달궈서 아직 스며 있을 물기를 날려준다. 선철에다 코팅도 없기 때문에 물기를 잘 말리지 않으면 녹이 슬 수 있다. 팬이 어느 정도 달궈지면 불을 끄고 식힌 후 기름을 얇게 발라준다. 기름을 골고루 발라 준 후에는 다시 중약불에 올린 후 하얀 연기가 피어오르고 사그라들 때까지 달궈준다. 기름을 바르고 열을 가해 속까지 기름을 먹이는 과정을 '길들이기'라고 표현한다. 주물 팬을 길들이는 데는 들기름이나 아마씨유가 좋다고 하고, 나는 길들이기 전용 기름을 쓰고 있다. 길들인 후에는 불을 끄고 완전히 식힌 후, 서늘하고 건조한 곳에 보관한다. 하하. 글로 쓰고 보니, 글이라서 더욱, 주물 팬 사용이 수고로워 보인다. 이런 수고로움을 좀 거쳐야 나를 위한 한 끼를 제대로 먹은 기분이 드는 나는 시대착오적인 사람일까. 모쪼록 기름을 머금어 검은 빛을 잔뜩 내고 있는 잘생긴 주물 팬에게 인사한다. 다음 요리도 잘 부탁해!

주물 팬을 사용하게 된 건 1년이 채 안 되었지만 주물 팬을 사용하고 싶다고 처음 생각한 건 꽤 오래전이었다. 코팅 프라이팬에 쓰이는 코팅제가 암을 유발할 수 있는데 요리 과정에서 섭취할 수 있다는 사실을 접하고 그에 대한 대안을 찾다가 주물 팬을 알게 되었다. 상대적으로 저렴하고 가볍고 오래 사용할 수 있는 스테인리스 프라이팬도 있지만 주물 프라이팬이 주는 묵직한 검정 매력에 반해서 마음에 품게 되었다. 많은 일들이 그렇듯 익숙한 일상에 새로운 변화를 맞이하는 건 생각만큼 쉽지 않다. 굳이 바꾸지는 않아도 되는 일, 바꾸는 게 좋지만 급한 일에 쉽게 물러나는 일, 주물 팬을 사용하는 일이 그랬다. 처음 주물 팬을 사용하고 싶다고 생각한지 5년여 만에 주물 팬을 들었다.

주변에 주물 팬을 사용하는 사람이 거의 없기 때문에 실질적인 조언을 구할 수 없었다. 주물 팬이 얼마나 다루기 까다로운지 머리로만 알고 있는 사람 중 한 명이 되었고 그런 막연함이 접근을 더 어렵게 만들었다. 그러다가 코팅 팬의 코팅이 깨져서 새 프라이팬을 구매해야 할 때마다 묻어두었던 이야기를 꺼냈다. 코팅 팬의 유해성이 주는 두려움 섞인 이야기들을. 하지만 마트에서 코팅 팬을 집어 드는 일이 너무 쉬워서 쉽게 잊혀졌다.

그렇게 처음 주물 팬을 마음에 품은 지 4년 정도가 지났을까. 여느 때처럼 코팅 팬을 새로 사야 하는 시점에 주물 프라이팬에 대한 정보를 검색하다가 〈무쇠 후라이팬〉•이라는 이름의 웹툰을 보게 되었다. (주물 프라이팬은 무쇠 프라이팬이라고 부르기도 한다) 주물 팬을 사용하면서 생기는 에피소드를 그린 임지후 작가님의 웹툰, 그리 길지 않은 웹툰 20여 편을 앉은 자리에서 모두 보고는 바로 주물 팬을 구매하기로 마음먹었다. 더 정확히 말하면 신혼 시절부터 사용했던 주물 팬을 지금까지, 그러니까 30년 동안 사용하고 있다는 대사를 반복해서 읽고 나서였다.

30년의 결혼 생활을 함께한 물건이라니. 유해화학물질에 대한 두려움으로 시작했지만 정작 오래된 물건이 주는 아득함과 낭만이 좋아서 미루고 미루던 주물 팬을 구매한 나. 가끔 어떤 일은 본래 기대했던 의도와는 다른, 예상치 못한 이유로 시작하기도 하는 경우를 떠올린다. 시중에 나와 있는 그리 많지 않은 주물 팬 중 어떤 브랜드와 사이즈를 선택할지 고르는 것도 오래 걸렸고 집에 주물 팬이 도착하고 한 달 있다가 처음 사용해봤다. 관성적인 일상을 바꾸지 못하는 사람들을 볼 때의 답답함은 주물 팬으로 구체화시키면 이해하기 쉬워진다.

그렇게도 바라던 주물 팬을 사용해보니 30년 동안 주물 팬을 사용했다는 부부의 생활을 자세하게 상상해볼 수 있게 되었다. 부부는 가족이 함께 둘러앉아 밥을 먹는 시간과 공간을 소중하게 생각하는 사람들이 분명하다. 참을성을 가지고 예열을 기다리고, 여러 가지 규칙을 지키며 세척하고, 물기를 닦고 날리고, 기름칠을 하고 또 후열하는 과정을 반복적으로, 30년이나 하는 일. 이 일을 표현할 수 있는 최대한의 단어는 '사랑'인 것 같다. 쉽게 요리하고 세척하고 보관할 수 있는 코팅 팬이 주방생활을 훨씬 간편하고 윤택하게 만들어 줄 수 있음에도 주물 팬을 사용하는 건 열렬히 사랑한다는 게 아니면 뭐라고 할 수 있을까?

넌 나에게 아직은 수없이 많은 다른 어린아이들과 조금도 다를 바 없는 한 아이에 지나지 않아. 그래서 나는 널 별로 필요로 하지 않아. 너 역시 날 필요로 하지 않고. 나도 너에게는 수없이 많은 다른 여우들과 조금도 다를 바 없는 한 마리 여우에 지나지 않지. 하지만 네가 나를 길들인다면 우리는 서로를 필요로 하게 되는 거야. 너는 내게 이 세상에서 하나 밖에 없는 존재가 되는 거야. 난 네게 이 세상에서 하나밖에 없는 존재가 될 거고. (생텍쥐페리의《어린왕자》에서)

번거로움과 불편함을 알면서도 주물 팬의 사용을 지속하는 일은 어려움을 감내하며 누군가와 관계를 이어가려는 일과 많이 닮아 보인다. '길들이기'의 뜻을 물어본 어린왕자에게 관계를 맺는 것이라고 답해준 여우의 말처럼 말이다. 나를 대접하고 싶을 때마다 일단 주물 팬을 드는 이유를 알겠다. 모처럼 만에 찾아온 시간에 가장 간단한 요리를 가장 복잡하게 하고 있는 이유는 내가 나랑 관계를 잘 맺고 싶어서가 아닐까. '사랑'이라는 희미한 단어를 주물 팬으로 만든 한 그릇의 요리의 맛처럼 구체적으로 느끼고 싶어서 말이다. 주물 팬으로 만드는 요리를 더 많이 늘려가고 싶다.

코팅 프라이팬이 걱정되나요

우리가 흔히 사용하는 코팅 프라이팬은 불소수지 코팅 프라이팬으로, 과불화화합물의 일종인 PFOA(Perfluorooctanoic acid)가 코팅제로 사용되고 있다. PFOA는 세계보건기구 산하의 국제암연구소IARC가 지정한 발암물질로 자연 상태에서 분해되지 않아 식수, 토양은 물론 인체 내에서도 쉽게 쌓인다. 갑상선 호르몬과 성 호르몬, 뇌신경계와 면역계 등에 이상을 유발한다고 경고하고 있다. 노르웨이를 시작으로 미국, EU에서는 PFOA의 사용을 규제하고 있지만 한국은 PFOA 수입국 1위다. 세라믹 프라이팬, 스텐 프라이팬, 무쇠 프라이팬도 있으니 각자의 사정에 맞춰서 사용하면 좋겠다. 요즘 코팅 프라이팬에 PFOA FREE 제품도 나오고 있으니 코팅 프라이팬을 구매할 때 꼭 참고하면 좋겠다.

옷이 가진 이야기가
가득 걸린 옷장

"요즘 이 옷 잘 입고 다니네요. 단정하니 예뻐요."

"아 이 옷이요? 이 옷, 저희 엄마가 제 나이보다 더 어렸을 때부터 입고 다니던 옷이에요. 질이 좋은지 아직까지 낡은 곳 없이 잘 입고 다녀요. 그런데 그거 아세요? 이 옷 지오다노 옷이에요."

봄과 가을에 교복처럼 자주 입는 하늘색 남방은 엄마에게 물려받은 옷이다. 집에 가서 우연히 입어 보고 마음에 들었는데 마침 엄마가 입지 않는다고 물려주셨다. 위쪽 단추를 두 개 정도 풀고 소매를 두 번 정도 걷어 입으면 청량한 봄이나 가을의 분위기가 그대로 느껴지는 옷이다. 브랜드를 의식하지 않고 한참 입다가 어떤 브랜드길래 유행 타지 않는 스타일에 튼튼한 옷을 만드나 싶어

태그를 보니 '지오다노'였다. 내가 아는 그 지오다노? 단순한 디자인의 옷을 제법 저렴한 가격으로 팔아 가끔 찾는 브랜드다. 대체로 한 해, 길어야 두 해 정도 입으면 어딘가 늘어나거나 쉽게 낡던데. 그 시절의 지오다노는 두 세대가 거뜬히 입도록 튼튼하게 만들었나 보다. 아무튼 누군가 내가 입은 하늘색 남방에 대해 말한다면 나는 기다렸다는 듯 엄마와 지오다노 이야기를 늘어놓는다.

지오다노의 하늘색 남방만큼 자주 입는 엄마의 옷이 또 있다. '크로크다일'의 검정색 가디건 세트. 검정색 반팔과 가디건이 한 세트라 각각 단독으로 또 함께도 입을 수 있어 활용이 참 좋은 옷이다. 이 옷을 입고 고향집에 가면 엄마는 언니와 내가 중학교 때부터 교복 치마에 받쳐 입었던 옷이라며 아직까지 입고 다니는 것을 신기해하신다. 지금 내 나이쯤에 아주 비싸게 사서 입었다고도 덧붙이신다. 상체가 비교적 마른 편인 내가 입어도 딱 맞는 옷인데 엄마가 이걸 입었다고? 이 옷이 잘 맞는 몸을 가지고 있었던 엄마의 모습을 상상해본다. 중학교 교실의 작은 책상을 거쳐 지금의 사무실 책상까지, 온갖 책상에 닿고, 닳아서 반들반들해진 팔꿈치 부분을 애교로 봐준다면 앞으로 더 오래오래 입을 수 있을 것 같다.

마지막으로 하나 더 있다. 바로 '쏘엘'의 검정 자켓. (쏘엘은 지금은 없는 브랜드다) 쏘엘의 검정 자켓은 내가 물려받은 엄마의 옷 중에서 유일하게 엄마가 입었던 모습이 기억이 나는 옷이다. 삼 형제가 운영하는 작은 크레인 회사에서 경리로 일을 했던 엄마, 미스 김은 자주 이 자켓을 입고 컨테이너 박스를 개조해서 만든 사무실로 출근했다. 사무실이 집 근처에 있어서 학교 끝나고 자주 놀러갔었는데, 그때 종종 마주친 공동대표 삼 형제의 얼굴에서 다른 점과 비슷한 점들을 몰래 분류해봤던 기억이 있다. 주말이면 교회에서 성실하게 봉사했던 엄마, 김 집사는 역시 이 검정 자켓을 자주 입고 교회에 갔다. 오전에는 성가대에서 찬양을 하고, 오후에는 초등부 교사로 아이들에게 믿음을 이야기했다. 스프레이를 잔뜩 바른 단정한 머리와 붉은색 립스틱, 허리에 라인이 들어간 검정 자켓을 입고 있는 미스 김과 김 집사를 보고 있으면 집에서의 부스스한 모습과 달라서인지 왠지 모르게 기분이 좋아졌다.

나는 높이 약 160cm, 가로 폭 약 60cm의 크기의 옷장 하나로 생활을 하고 있다. 옷도 적고 옷장도 작다. 정확히 말하자면 적은 옷장에 걸릴 만큼만 옷을 가지고 살아보고 있다. 160cm 높이에는 옷걸이를 걸 수 있고, 아래에는 수납이 가능한 두 개의 단이 있는 철제 옷장이다. 주중에 자주 입는 평상복과 외투는 옷걸이에 걸려 있고 바지와 치마는 첫 번째 단에, 상의와 운동복, 잠옷은 두 번째 단에 차곡차곡 쌓여 있다.

작은 옷장 생활은 단출하다. 주중에는 자주 입는 몇 가지 옷들을 그날 기분에 따라 골라 입고 주말에는 두 개의 단에 개어진 옷에 눈길을 주면서 입어 볼 궁리를 한다. 그동안 온기를 주지 못했던 옷들을 살피는 일을 하다 보니 거들떠보지 않았던 옷을 유용하게 입게 되는 경우들도 있다. 여전히 손이 안 가는 옷은 상태에 따라서 헌 옷 수거함에 넣거나 따로 모아두었다가 일정량이 되면 기부를 하면서 작은 옷장을 꾸준하게 정돈하고 있다.

옷장 생활은 번거롭다. 많은 옷이 걸리지 않는 옷장이라 여러 계절의 옷이 걸릴 수 없으니 봄, 여름, 가을, 겨울과 그 사이사이에 계절이 부리는 변덕에 대비할 수 있게 부지런히 옷을 갈아서 걸어주어야 한다. 겨울이 일찍 간 줄 알고 봄옷으로 옷장을 갈아입혔다가 목이나 발목이 시린 날들을 맞이하고 싶지 않다면 눈치싸움을 잘 해야 한다. 몇 년 전까지만 해도 열두 개의 월月을 네 개로 나눠서 계절을 계산했던 것 같은데, 여름과 겨울의 개성이 강해지고 그 사이의 봄과 가을이 짧아지고 있는 기후위기 시대에는 계절을 가늠하는 일이 어려워져서 옷을 입고 옷장을 바꾸는 생활도 덩달아 어려워졌다.

여름과 겨울의 옷, 제법 가격대가 있는 브랜드의 옷과 저렴한 패스트패션 브랜드의 옷, 새 옷과 구제 옷이 수도 없이 옷장을 들락날락한다. 다 기억하지도 못할 많은 옷들을 맞이하고 배웅하는 틈에도 엄마에게 물려받은 옷들은 묵직하게, 오랫동안 옷걸이를 지키고 있다. 계절 상자에서 옷을 꺼낼 때면 매년 '도대체 이 옷을 작년에 어떻게 입고 다녔지?'라고 생각이 드는 옷이 무더기로 나오곤 하는데, 엄마의 옷은 언제나 의심 없이 옷걸이에 걸린다. 왜 엄마의 옷들은 꾸준히 잘 입게 될까? 엄마의 옷은 뭔가 특별한 걸까?

엄마 말로 '지금 니 나이 때' 구매했던 옷들은 모두 소재가 탄탄하다. 엄마와 두 딸이 30년을 함께 입어도 닳지 않는 옷. 엄마 말로 당시에 비싸게 주고 산 옷을 지금 시세로 어떻게 계산해야 할지 모르겠지만, 옷의 수명을 늘리기 위해서는 소재의 질과 짜임이 좋아야 한다는 당연한 사실을 떠올린다. 엄마의 옷들은 디자인도 심플하다. 기본 아이템이라 유행 없이 꾸준하게 손에 잡히는 색과 스타일을 가지고 있다. 올해의 컬러나 새로워 톡 튀는 디자인은 그해에는 잘 입을지 몰라도 다음 해 계절 상자에서 꺼낼 때면 금방 질리고, 유행도 지나 있어 다시 입기가 어렵다.

그리고 이야기. 엄마에게서 받은 옷들은 대부분 엄마가 이제 사이즈가 안 맞아서 입지 못하게 된 옷들이다. 물론, 딸이 관심을 가지면 즐겨 입던 옷도 "니가 더 잘 어울리네."라며 건네줄 엄마지만. 나이와 비례해서 꾸준하게 살이 붙은 엄마는 작아져서 못 입을 옷들을 꾸준하게 만들었고, 그 옷들은 엄마를 각별하게 생각하는 딸의 옷장으로 자연스럽게 흘러갔다. 어린 현주, 젊은 현주가 한때 잘 입었던 옷들. 그 시절의 현주를 떠올리게 하는 옷들. 엄마가 물려준 옷이라는 그 평범함이 딸에게는 특별함으로 전해져서 이야기를 만든다.

곧 꺼지고 말 유행에 비용을 지불하고 싶지 않고, 옷으로 인한 환경적 부담을 줄이고 싶다는 생각이 든 이후부터는 새 옷을 구매하는 일이 부담스럽고 곤란해졌다. 그러다가도 새 옷을 사고 싶다는 충동이 일기도 한다. 반복이 기본 값인 일상에 지루함이 찾아왔을 때 새 옷을 고르고 구매하는 것만큼 쉽고 즐거운 일은 없으니까. 하지만 어쩌면 우리는 모두 이미 알고 있을지 모른다. 지루함에서 벗어나기 위해서 옷을 구매하는 일은 생각보다 만족스럽지 못하다는 것. 옷을 고르고, 구매하고, 처음 입고 외출할 때의 설렘, 딱 그때까지만 지루함을 달랠 수 있다. 그다음 나를 기다리고 있는 건 늘어난 옷의 가짓수와 늘어난 옷으로 늘어난 매치방법과 그만큼의 빈 잔고와 제 차례를 기다리고 있는 다음 타자의 지루함이다. 작은 옷장 생활에서는 지루함에 맞서는 자극이 필요하다. 지오다노의 하늘색 남방과 크로크다일의 검정색 가디건 세트와 쏘엘의 검정 자켓은 옷의 가짓수 대신 옷이 가진 이야기를 보태는 방식으로 그 지루함을 이겨내 보라고 말해준다.

　최근에 쏘엘의 검정 자켓을 수선 맡겼다. 생각보다 자주 입지 못하는 것 같아서 버리거나 기부하려다가 엄마가 생각이 나서 잘 입을 수 있는 스타일로 수선하기로 했다. 실패 확률을 덜기 위해서 수선으로 유명한 집을 찾아갔다.

　"저희 엄마가 입던 옷인데요, 긴 팔을 반팔로 잘라서 계속 입어 보려고요."

　수선집을 나오는데 문득 정세랑 작가님의 소설 《지구에서 한아뿐》이 생각났다. 주인공인 한아는 옷을 리폼하는 일을 하는데 작업실의 이름은 '환생-지구를 사랑하는 옷가게'다. 사연이 담겨 있어서 버리지 못하고 있는 옷과 가방, 신발을 그들이 원하는 방식으로 바꿔준다. 가게 앞에는 '정말 좋아하는 옷들을 새롭게 만들어 드립니다.'라고 적혀 있다. 쉽게 버릴 수 없는 옷의 특별함을 간직하고 싶어 하는 사람들의 마음이 구체적으로 느끼며 수선집을 나왔다.

　내가 쏘엘의 검정 자켓을 수선하기로 한 이유는 옷 하나를 더 잘 입기 위해서라기보다는 옷이 가진 이야기를 새롭게 이어나가고 싶어 하는 쪽에 가까운 것 같다. 끊임없이 바뀌는 유행을 옷장에 들여오면 일상도 그에 맞게 흔들리기 마련이다. 지루함을 이기지 못하면 그다음 지루함이 나를 노리고 찾아온다. 오랫동안 변함없이, 혹은 오랫동안 지속하기 위해 변화하면서 작은 옷장에 옷이 가진 이야기를 하나씩 늘려가고 싶다. 그나저나 옷 수선이 참 잘되었는데 누가 내 옷을 눈여겨보고 말 한마디를 건네주면 좋겠다.

　"아 이 옷이요? 저희 엄마가 20년 전에 산 옷인데요, 저에게 물려주셨어요. 원래는 긴 팔이었는데 제가 긴 팔 자켓을 잘 안 입어서 반팔로 수선해서 입고 있어요. 멋있죠? 그 수선집 참 잘하는데 추천해드릴까요? 그게 어디냐면요…"

옷을 기부하고 싶나요

옷을 기부할 수 있는 곳

보통 안 입는 옷은 동네마다 설치된 의류수거함에 버린다. 헌 옷 수거함은 지자체와 헌 옷을 수거하는 사설업체와의 협의를 통해 지정된 장소에 설치가 되는데, 지자체와 협의 없이 설치된 불법 의류수거함도 생겨나고 의류수거함이 설치된 곳에 자연스럽게 다른 쓰레기도 모이면서 도시경관을 해친다는 이유로 철거되는 추세라고 한다. 의류수거함은 수가 적어지고 있지만 헌 옷은 늘어나고 있고 코로나 19로 인해 수출길이 막혀 헌 옷의 가치는 더 떨어지고 있다고 한다.

의류수거함을 찾지 못한 헌 옷의 대부분은 소각된다. 닳아져서 못 입을 옷은 버려야 하겠지만 아직 멀쩡한 옷이라면 기부하면 어떨까? 국내외 소외계층에 의류를 지원하는 NGO 단체(옷캔)나 물건의 재사용과 재순환을 도모하는 비영리 단체(아름다운 가게, 굿윌스토어)를 이용하면 택배 접수를 통해서 편리하게 기부할 수 있다. 연례행사로 옷을 기부 받아 해외아동에 보내는 곳도 있고(한살림), 가정 방문을 통해서 수거하는 사설업체도 있으니(헌옷총각 등) 이번 기회에 찾아봐도 좋을 것 같다.

그때의 나에게
건네는 위로

《마이 리틀 레드북My little red book》이라는 책이 있다. 책의 표지는 제목처럼 작고 빨갛다. 책에는 여러 세대, 다양한 배경을 가진 여성 100명의 초경이야기가 담겨 있다. 초경이라니. 나는 누군가와 한 번도 초경에 대해서 이야기를 나눠본 적이 없었다. 그래서 책을 집어 들었고 재미있게 읽었다. 어떤 이야기는 짜릿할 정도로 통쾌했고, 가슴이 저릴 만큼 안타깝기도 했다. 읽는 내내 나의 첫 월경 경험을 보태고 싶어서 생각해내려고 애를 썼는데, 안타깝게도 정확하게 기억이 나지 않았다. 팬티 속에 거뭇하고 작게 묻어 있는 핏자국만 어렴풋하게 기억이 날 뿐이었다.

흐릿하게 남은 그날, 이후 1년이 넘도록 가족들에게 월경을 시작했다는 사실을 알리지 않았다. 또래 친구들에게는 계속 월경을 해왔던 것처럼 익숙하게 굴었다. 초경을 기념하는 어떤 이벤트도, 말도 없이 초경을 치렀다. 아마 그래서 기억이 희미해졌겠지. 왜 아무에게도, 심지어 엄마에게도 말하지 않았냐고 물어본다면, 잘 모르겠다. 엄마의 가방에 들어 있던 생리대와 마트에 빼곡하게 진열되어 있는 생리대를 수도 없이 봐왔기 때문에 나도 언젠가 저걸 사용할 날이 올 거라고 막연하게 생각해왔다. 6학년 보건시간에는 생리대 사용법을 배우기도 했다. 그날이 왔고, 아마 안방 서랍 맨 위 칸에 있는 생리대 하나를 꺼내서 보건시간에 배운 것처럼 생리대 포장을 벗기고 팬티 위에 붙였을 것이다. 그다음은 어떻게 해야 할지 몰랐을 것이다. 주변 사람에게는 뭐라고 말해야 하는지, 말할 때는 어떤 표정을 짓고, 어떤 톤을 골라서 말해야 할지, 팬티에 묻은 피를 어떤 마음으로 받아들여야 하는지 아무도 알려주지 않았었다. 일회용 생리대 말고는 월경에 대해서 아는 것이 없는 소녀는 그대로 성인이 되었다. 월경은 마주할 때마다 난감한 일이었다.

'생리대 파동'이 터졌다. 2017년 여성환경연대의 주관으로 일회용 생리대 유해물질 검사를 진행했고, 10종에서 VOCs(휘발성유기화합물)이라고 불리는 물질이 검출되었다. VOCs가 무엇인지 정확하게 모르겠으나 석유화학 공장이나 페인트 접착제와 같은 곳에서 배출되는 인체에 매우 위험한 물질이라고 했다. 식품 의약품안전처는 해당 실험과정에 의문을 제기하고 다시 국내 유통 중인 생리대 666개 제품을 검사했다. 여전히 많은 생리대에서 VOCs가 검출되었으나 인체에 유해한 정도까지는 아니라고 했다. 당시 일회용 생리대로 인한 부작용을 호소하던 여성들은 이렇게 말했다. '내 몸이 증거다.'•

　나는 일회용 생리대의 유해물질이 정말 몸에 영향을 주는지, 유해물질이기는 하나 인체에 영향을 미치는 수준까지는 아닌지 몰랐다. 누군가는 유해하다고 했고, 누군가는 그렇지 않다고 했다. 하지만 '내 몸이 증거다.'라고 이야기하는 수백 명 여성들의 목소리가 있음에도 여전히 공기 중에도 존재하는 물질이고 인체에 영향을 미치는 수준은 아니라고 일갈하는 정부의 태도에 문제가 있다는 것은 명확하게 알 수 있었다. 월경이 뭐라고 정확히 설명은 못 해도 일회용 생리대 사용법만큼은 알고 있었던 나는 배신감 같은 것이 들었다. 유해성이 제대로 검증되지도 않은 일회용 생리대가 마트에 빼곡히 진열되어 팔리고 있었다. 우리나라에서 초경을 맞이하는 아이의 손에 가장 먼저 쥐여 주는 것은 대부분 일회용 생리대다. 뭔가 잘못되었다는 생각이 들었다.

일단 내가 할 수 있는 건 일회용 생리대의 사용을 멈추고 다른 월경용품을 찾는 일이었다. 면으로 된 생리대, 질 안에 삽입하는 손가락만 한 크기의 탐폰, 역시 질 안에 삽입하는 아주 작은 컵 모양과 크기의 월경컵, 흡수패드가 내장되어 있는 월경팬티까지. 일회용 생리대만큼 마트에서 쉽게 볼 수 있는 월경용품은 아니지만 그래도 꽤 다양한 종류의 월경용품을 접할 수 있었다. 소재도, 모양도, 사용방법도 제각각인 월경용품들을 사용하려니 공부가 필요했다. 얼마간은 다양한 월경용품이 어떤 재료로 만들어졌고, 어떻게 착용하고, 어떻게 관리해야 하는지 하나하나 사용해보았다.

면 월경대는 천과 방수패드로 만들어져서 유해성으로부터 안전하고 일정 기간 계속 빨아 쓸 수 있는 월경용품이다. 일회용 생리대와 유사해서 사용하기 쉽고, 사이즈도 다양하다. 살갗에 닿는 느낌이 부드럽다. 월경팬티는 혈을 흡수할 수 있는 패드가 두툼하게 붙어 있는 팬티다. 면 월경대와 마찬가지로 빨아서 사용한다. 갈아입는 게 번거로워 외부에서 사용하기는 조금 어렵고 월경이 시작되어 컨디션이 좋지 않은 날 밤, 집에서 편하게 착용하기에 딱 좋다.

탐폰은 손가락만 한 크기의 고흡수재를 질에 넣어서 사용하는 삽입형 월경용품이다. 질에 넣어야 한다는 점에서 꺼려지지만 익숙해지면 쉽게 착용이 가능하다. 바깥활동이 많거나, 수중활동을 하거나, 축축한 것이 몸에 닿는 느낌이 유독 싫은 날에 간혹 사용한다. 화학적 흡수재가 쓰여서 장기간 사용하면 독성쇼크증후군의 위험이 있어 주의해야 한다. 월경컵도 질에 삽입해서 사용하는 월경용품이다. 작은 컵 모양이라 잘 접어서 삽입해야 한다. 질 안에 들어간 월경컵은 다시 펴져 컵 모양을 찾아야 정상이다. 포궁 경부에서 떨어지는 혈을 그대로 받아내기 때문에 혈이 질을 통해 몸 밖으로 통과하는 시간이 없어 월경기간이 줄어든다. 사람마다 질의 길이가 다르기 때문에 월경컵에도 사이즈가 있다. 손가락을 질에 넣어서 질 길이를 재보면 그에 맞는 사이즈를 고를 수 있다. 컵에 모인 혈은 변기에 흘려보내고 헹궈서 다시 사용한다. 하나로 5년은 거뜬히 사용할 수 있다는 게 큰 장점이다.

내가 주로 사용하는 월경용품은 면 월경대다. 빨아 써야 하는 번거로움이 있지만 질 안으로 넣지 않는다는 점이 부담이 없어서 주로 사용하게 되었다. 면 월경대를 사용하고 나서 일회용 생리대를 사용할 때 언제나 달고 살았던 외음부 트러블이 없어졌다. 월경통은 여전히 있지만 '밑이 빠질 것 같은' 월경통은 없어졌다. 오랫동안 규칙적이지 않던 월경기간이 안정적이게 자리 잡았다. 또

면 월경대를 빨면서 면 월경대에 묻어 있는 피를 직접 보고 손에 묻히고 풍겨오는 냄새도 맡으면서 월경과 월경혈에 대해 가졌던 혐오를 거두게 되었다. 월경혈은 더럽고 냄새나는 게 아니라 그냥 피였다. 피 냄새가 나고 피 색깔을 띠는 것뿐이라는 사실을 면 월경대를 빨면서 알게 되었다. 그동안 고약하다고 생각했던 냄새와 짙은 색의 피는 모두 일회용 생리대의 화학물질과 월경혈이 만나 나타난 반응이었다. 면 월경대를 사용하고 나니 나도 말할 수 있게 되었다. 일회용 생리대는 우리 몸에 좋지 않은 영향을 미치는 게 분명하다고. 내 몸이 증거라고.

월경기간에는 유독 다리가 퉁퉁 붓고 월경통으로 배가 아파서 약을 달고 산다. 평소와 똑같은 일상이 두 배는 힘들어지는 기간, 면 월경대를 사용하려면 그 몸으로 손빨래도 해야 한다. 월경혈이 묻은 면 월경대를 찬물에 일정 시간 담가서 혈을 빼주고, 비누로 문질러서 빨고, 돌돌 말아서 잠시 놓아둬 얼룩을 제거하고, 남은 얼룩을 제거하기 위해 산소계 표백제를 살짝 묻혀서 또 일정 시간 놓아둔 후 헹구고 짜서 말린다. 한 번으로 끝나지 않는 빨래를 일주일은 해야 한다.

이런 수고로움을 감내하는 이유는 아주 많다. 평생 만 개를 넘게 사용하게 될 일회용 생리대가 환경에 영향을 주는 일을 줄이기 위해, 유해성이 제대로 밝혀지지 않은 일회용 생리대로부터 내 몸을 보호하기 위해, 안전하게 월경하려는 개인에게 이토록 무거운 일상을 안겨주는 사회를 살아가고 있다는 것을 잊지 않게 위해서다. 무엇보다 혼자서 마주한 팬티 속 피를 어떤 표정으로 맞아야 할지 모른 채로 월경과 월경하는 몸을 싫어했던 어린 시절의 나를 위로하기 위해서다. 이번 달에도 팬티에 묻은 피를 보고 면 월경대를 집어 든다.

월경이 마냥 싫으신가요

월경을 새롭게 바라보게 해주는 콘텐츠

여러 가지 월경용품을 알아보고 사용해보면서 가장 좋았던 건 내 몸과 월경을 다시 바라보게 되었다는 점이다. 그 경험은 월경과 월경하는 나의 몸을 더 이상 원망하지 않게 해줬다. 월경은 임신의 실패가 아니라 여성의 몸을 가진 사람이 겪는 순리라는 점, 월경통은 여자로 태어난 것을 저주해야 하는 고통이 아니라 호르몬 작용에 의해 두꺼워진 자궁 내막이 밖으로 나갈 수 있게끔 자궁벽을 수축시키는 과정에서 수반되는 통증이었다. 매월 꼬박 찾아오는 짜증나는 월경은 내 몸이 제대로 작동하고 있다는 가장 강력한 증거이기도 했다. 다양한 월경용품을 사용할 수 있는 동기와 월경을 새롭게 바라보게 해줬던 콘텐츠를 소개한다.

① 책《마이 리틀 레드북》
다른 지역, 문화, 세대의 여성들의 초경 경험담을 들을 기

회는 아마 《마이 리틀 레드북》을 통해서 밖에는 없을 것 같다. 책을 읽다 보면 그동안 우리가 초경담을 이야기의 주제로 거의 꺼내지 않았다는 점과 초경담이 이렇게 재미있고 눈물겹다는 점을 알게 된다. 마이 리틀 레드북 홈페이지에서는 아직도 전 세계 여성들의 초경담을 모으고 있다. 첫 월경을 기억하는 사람은 이야기 하나를 보태도 좋을 것 같다.

홈페이지: www.mylittleredbook.net

② 다큐멘터리 〈피의 연대기〉

국내 최초 월경 탐구 다큐, 피의 연대기. 김보람 감독의 호기심을 따라서 영화를 보다 보면 다양한 월경 담론과 월경용품을 만날 수 있다. 그러다 보면 내 안에 무언가 뜨겁게 올라오는 것 같은데, 그 열기를 따라가다 보면 이전과는 다른 월경을 만날 수 있다. 김보람 감독의 월경이야기는 책 《생리공감》으로 만날 수 있다.

③ 월경 셀렉트샵 '이지앤모어'

모든 여성들의 건강한 월경을 꿈꾸는 '이지앤모어'는 다양한 월경용품을 만날 수 있는 국내 최초 월경셀렉트샵이다.

월경컵, 일회용 생리대, 면 월경대, 탐폰, 언더웨어와 각종 영양제, 세정용품까지. 다양한 종류와 브랜드의 월경용품을 판매하고 있다. 이지앤모어는 월경과 관련된 콘텐츠를 꾸준히 만들며, 월경 커뮤니티도 운영하고 있다. 제품을 구입하면 일정 포인트가 기부 포인트로 적립되어 매월 저소득층의 월경용품을 지원하고 있다. 온라인샵이 있고, 서울 대방역 인근에 오프라인 매장인 월경상점도 있다.

    홈페이지: www.easeandmore.com

    매장위치: 1호선 대방역 2, 3번 출구 스페이스 살림 1층

덜어내며 만들게 된 습관

04

습
관

닳고 낡은 것,
자연스러운 것

　주기적으로 방을 바꾸는 습관이 있다. 가구의 배치를 바꾸거나 페인트를 칠하거나 물건을 점검하고 비운다. 반복에서 오는 지루함을 힘들어하는 경향이 있는데, 일상이 지루하게 느껴져서 변화가 필요하다는 생각이 들 때면 방에 변화를 주는 손쉬운 방법을 선택하는 것 같다. 작은 변화가 주는 새로움으로 다시 일상을 이어가곤 한다. 최근에는 초록색 페인트를 하나 샀다. 방에 있는 가구의 대부분이 나무인 데다가 바닥까지 나뭇결 모양의 장판이라 경쾌한 변화를 위해서 초록색을 골랐다. 일단 고르고 주문해서 집에 배송이 오기는 했는데… 어떤 가구를 칠해볼까? 방 안을 둘러본다.

방에서 가장 큰 부피를 차지하고 있는 책상. 가로 120cm, 폭 60cm 정도 되는 책상은 중고거래 플랫폼을 통해서 구매했다. 본래는 거실에 있는 식탁에서 글도 쓰고 DIY 작업도 하며 방 안에 따로 책상을 두지 않았는데 제때 치우지 않은 물건들이 계속 쌓여 동거인 U에게 민망하던 참에 책상을 구매하기로 했다. 중고거래 플랫폼에 '책상'이라고 검색하면 정말 많은 종류가 나오는데 지금 이 책상이 마음에 들었던 이유는 세 가지 정도가 있다. 먼저 책상 전면에 위치해 두지만 분리도 가능한 책장이 함께 있다는 점. 칸도 적절하게 나누어져 있어서 물건을 깔끔하게 보관하기 좋을 것 같았다. 두 번째는 마음에 쏙 드는 포인트들이다. 서랍의 동 재질의 손잡이는 한번 꼬아진 모양이 흔하지 않고, 서랍의 바닥이나 책장 면에 새겨진 페이즐리 무늬가 은은하게 빈티지스러운 멋을 준다. 결정적으로는 꽤 큰 책상을 집 앞까지 직접 배달해주겠다는 판매자님의 배려 때문이었다. 큰 고민 없이 바로 다음 날에 거래했고 판매자님은 책상과 책장을 각각 한 번씩 총 두 번을 왔다 갔다 하며 날라주셨다. 생각보다 너무 무거워서 3층인 우리 집까지 나르는데 동거인 U와 낑낑댔던 에피소드가 생겨서 여러모로 애착이 가는 책상이 되었다. 이 책상에 초록색 페인트를? 페이즐리 무늬와는 아무래도 어울리지 않을 것 같다.

이번에는 책상 맞은편에 있는 책장. 책장도 중고거래 플랫폼에서 구매했다. 처음 이사 왔을 때는 책장이 없어서 책을 바닥에 한 줄로 길게 늘여놓았는데, 늘어나는 책이 방의 모든 면을 차지하고도 모자랄 지경이 되어서 깔끔하게 정리할 수 있는 책장을 구매하게 되었다. 가격과 크기 모두 만족하는 책장이 있었는데 집에서 그리 멀지 않은 곳이라지만 들고 올 방도가 없어서 용달을 사용했다. 책장은 3만 원인데 용달비는 5만 원. 8만 원이라면 웬만한 새 책장을 구매할 수 있고 집 앞까지 배송해주기는 하지만 이왕이면 누군가에게 쓸모가 없어 버려질 수도 있는 가구를 사는 편이 좋겠다고 생각했다. 지갑을 들여다보기보다는 셀 수도 없이 많은 물건이 담긴 지구를 들여다보는 습관을 중고거래를 통해서 익히고 있다.

판매자들도 그런 습관을 기르고 있는 것 같다. 책장 같은 가구는 보통 해당 지역구에 소량의 수수료를 내고 '대형생활폐기물 배출 신고필증'을 발급받아 버린다. 중고거래를 하려면 사진을 찍어 플랫폼에 등록하고 구매를 희망하는 사람들과 일일이 연락을 해 일정을 잡고 건네주는 일을 해야 한다. 용돈벌이라도 하자는 마음도 있겠지만 나에게 필요 없는 물건을 버리기보다 필요한 누군가에게 넘기려는 그 마음으로 편리함보다 번거로움을 선택하는 사람들이 많아지는 것 같다. 고맙게도 집 앞에 배송해주겠다는 사람들도 있고 말이다. 그렇게 용달로 배송 온 책장은 본래 내 방에 있던 가구들의 톤과 맞추기 위해서 짙은 갈색의 페인트를 칠했다. 책장을 다시 초록색 페인트로? 미리 칠해 놓았던 페인트가 조금 아깝다는 생각이 든다.

책장 맞은편에 있는 전신거울 역시 중고거래를 통해서 구매했다. 전신거울은 가격이 저렴해서 그런지 무료로 나눔 하는 판매자들도 많았다. 무료로 받고 싶다는 연락을 보낸 분들은 대체로 답변이 없어서 기다려볼까 하다가 필요하다고 생각이 들었을 때 빠르게 구매하는 편이 좋을 것 같아 도보로 닿는 거리에 있는 판매자분과 거래 약속을 잡았다. 판매자분과 어색하지만 친절하게 인사를 나누고 물건과 돈을 교환하고 다시 인사를 나누고 뒤돌아 집으로 향했다. 앞으로 다시 만날 이유가 딱히 없어서일까, 거래하는 사람들의 표정과 태도는 대체로 선하게 느껴진다. 거래 약속시간보다 조금 늦어서 연락을 드리니 저녁 산책 겸 조금 둘러가겠다고 말하는 사람과 평일 일과가 있으니 밤 10시 이후에 만나자는 제안에 흔쾌히 응해주는 사람, 가끔 사용법을 쪽지에 적어주거나 간식거리를 함께 주는 사람들도 있다. 중고거래는 물건을 핑계로 정을 나누고 싶은 사람들이 애용하는 것이 아닐까.

아무튼 전신거울은 전면이 온통 유리라 페인트를 칠해도 티가 나지 않을 것 같다.

거울 옆에 작은 좌식화장대가 눈에 들어온다. 화장대는 길거리에서 주워왔다. 약속장소로 가기 위해 내린 버스 정류장 앞 공인중개소에 놓여 있던 화장대. 비스듬히 기울어진 서랍을 위로 열면 안쪽에는 작은 거울이 붙어있고 넉넉하게 화장품을 보관할 수 있다. 그 아래로는 두 개의 서랍도 있다. 요즘에는 거의 볼 수 없는 구조가 특이해서 호기심이 갔는데 일단 약속이 있어서 물러났다. 일과를 마치고 마침 차를 가져온 친구에게 이동을 부탁했고 다행히 화장대는 그 자리에 그대로 있었다. 혹시 몰라 공인중개소 직원 분에게 여쭤보니 본인도 모르는 물건이라고 해서 냉큼 들고 왔다. 비스듬한 서랍장에 빛바랜 꽃 프린팅을 보면서 말했다. 넌 나에게 올 운명이었구나. 꽃 프린팅과 쨍한 초록색은 아무래도 안 어울리는 것 같다.

이번에는 이부자리 머리맡에 두는 등나무 탁자를 본다. 한가로운 어느 일요일 저녁, 산책하다가 누군가 집 앞에 버린 것을 보고 주워왔다. 주택가에는 버려진 가구들이 종종 눈에 띄는데, 폐기물 배출 신고필증이 없으면 암묵적으로 '마음에 들면 가져가세요.'라는 표시라고 생각하고 있다. 나는 버릴 가구가 있으면 조금 더 명확하게 '필요하시면 가져가세요. ○○일까지 그대로 있으면 배출 딱지를 붙일 예정입니다.'라고 종이에 적어 붙여 놓는다. 등나무는 빈티지 가구 중에서도 꽤 가격이 나가는 편인데, 어디에 쓸지 잠시 고민하다가 혹여나 다른 행인이 먼저 주워가도 되냐고 할까, 집주인이 버린 게 아니라고 할까 봐, 괜히 급한 마음으로 일단 주워 왔다. 그만큼 예쁘다. 바닥에 놓아둔 작은 스탠드와 잠들기 전에 읽는 책을 올려두는 용도로 활용하고 있다. 등나무는 아무래도 등나무 그대로 두는 게 좋을 것 같다.

철제로 된 옷걸이와 서랍장을 제외한다면 후보는 이제 딱 하나가 남았다. 의자로도 쓰고, 좌식 책상으로도 쓰고, 높은 것을 꺼낼 때 발받침으로도 쓰고, 화분이나 기타 물건을 올려두는 탁자로도 쓰는 디근자 모양의 가구. 지금은 화분 받침대로 쓰고 있는 만만한 디근자 가구에 초록색을 칠해보기로 한다.

누가 쓰던 물건을 사용하는 것이 거리낌이 없고, 도리어 사용감에서 오는 자연스러움을 좋아한다. 새것보다는 값도 싸고 가끔은 공짜로 가져오기도 하니 더 좋을 수밖에. 오프라인 중고 시장에 가지 않아도 중고 물품을 쉽게 구할 수 있게 해준 중고거래 플랫폼이 고맙다. 슥 둘러본 방 안에 각자 다른 곳에서 왔지만 나름의 조화를 이루고 있는 가구들을 보니 흐뭇한 미소가 난다. 나도 모르는 곳에서 상처가 나고, 닳기도 했고, 수리가 필요한 부분도 있지만 뭐랄까, 영혼이라도 있는 것처럼 친근하게 느껴진다. 지금도 앞으로도 새것보다는 누군가가 썼지만 여전히 쓰임이 있는 가구들을 사용하고 싶다. 새것을 사는 일은 대부분 마지막으로 미뤄지는데 맨 마지막에 닳아 새 물품을 산다면 지금 쓰고 있는 것에 매력을 느끼는 분에게 넘겨주고 싶다. 초록색으로 칠한 디근자의 가구는 다소 묵직했던 내 방에 생기를 주면서 여전히 여러 가지 목적으로 잘 쓰이고 있다.

기회를 주는 일과
기다려 주는 일

막 시작한 공유 공간 프로젝트에 초기 멤버로 투입되어서 일한 적이 있다. 공간의 운영 체계를 만들고 공간을 채울 물건을 구매하고 배치하는 일을 우선적으로 해나갔다. 초반 한 달은 내내 택배를 받고, 상자를 뜯고, 물건을 조립하고 배치하고, 거기서 나온 쓰레기를 버리는 일을 했던 것 같다.

벽에 시계를 달 때, 천장에 커튼을 설치할 때, 조립식 가구를 만들 때는 전동드릴을 사용했는데, 그 당시 유일한 남자직원이었던 Y가 그 일을 전담했다. 처음으로 가까이서 보는 전동드릴 앞에서 낯가리는 나와 달리 Y는 익숙한 듯 다뤘다. 조립식 가구에 딸려오는 L자 모양의 육각 렌치로는 한참을 돌리고 있어야 하는 작업을 전동드릴은 한 번에 해결했다. 옆에서 피스를 건네주는 보조 역할을 하고 있던 나는 전동드릴과 그걸 다루는 일이 정말 멋지다고 생각했다.

Y에게 전동드릴을 알려달라고 부탁했더니 친절한 Y는 차근차근 알려주었다. 전동드릴 사용의 핵심은 전동드릴 앞부분인 척에 필요한 모양의 비트를 끼우는 일이다. 트리거 위쪽에 위치한 회전방향 버튼을 조절하면 척을 조이고 푸는 척 키를 조정할 수 있다. 회전 방향 버튼을 오른쪽으로 누르면 척 키는 시계 방향으로 회전하면서 입구가 좁아져 비트를 고정한다. 왼쪽으로 누르면 시계 반대 방향으로 회전하면서 입구가 벌어져 비트가 풀어진다. 가운데에 걸려 있으면 안전장치가 걸린다. 비트를 척 앞에 고정하고 안정적인 자세를 취하고 팔에 힘을 주어 밀면 피스는 금세 조여졌다. 기대만큼 멋지고 재미있는 일이었다.

문가 바닥에 말발굽을 설치하고, 사무실 벽에 시계를 달고, 공간의 의자를 조립하는 일을 전동드릴로 해나가면서 자신감이 생겼다. 수리가 필요한 일이 생겨 누군가가 공구함을 집어들 때마다 눈과 고개가 돌아가고 엉덩이가 들썩거렸다. 드디어 수리가 필요한 일이 생겼다, 옷걸이가 말썽이었다. 저렴한 조립식 옷걸이의 이음새 부분이 풀려서 옷걸이 전체가 흔들거렸다. 임시방편으로 테이프를 말아서 쓰다가 여전히 불안하게 흔들거리는 모습에 새것을 사자는 말이 나왔다. 그동안 갈고 닦아온 전동드릴 실력을 발휘할 기회가 왔다.

"제가 한번 고쳐볼까요?"

진단해보니 하단에서 지지대 역할을 하는 철제봉의 끝에 단단하게 고정되어 있어야 할 너트가 자기 자리를 찾지 못하고 있었다. 철제봉의 끝부분을 벌리고 너트를 꺼낸 후 다시 제자리에 놓은 후 망치로 단단하게 고정시켰다. 그리고 세로 기둥과 연결하니 흔들리지 않았다. "고쳤어요!" 일주일도 지나지 않아서 옷걸이는 다시 망가졌다. 원인은 이전과 같았고 애초에 조악하게 만들어진 것이 근본적이었다. 그렇다고 버릴 순 없지. 반칙 같지만 모든 이음새 부분에 초강력 접착제를 붙였다. 이번에 안 되면 정말 새로 사자고 생각했는데, 다행히 지금까지 제 몫을 해주고 있다.

자신감은 집으로도 옮겨갔다. 내 방에 있는 커튼은 모두 '임시적'으로 사용하고 있는 커튼이었다. 유리에 붙여서 사용하는 종이 커튼과 창틀에 고정하는 커튼 거치대, 그 거치대가 감당할 수 있는 가벼운 커튼을 사용하고 있었다. 전동드릴을 사용할 줄 알게 되었으니 마음에 쏙 드는 커튼을 달아보기로 했다. 천장에 피스박을 위치를 표시하고 그 자리에 구멍을 뚫는다. 뚫은 자리에 칼블럭을 넣어준 남은 칼블럭은 잘라준다. 그 위에 커튼 레일을 고정하고 칼블럭을 넣은 자리에 피스를 박았다. 거실에 설치할 블라인드는 레일 대신 브라킷을 먼저 고정하면 되었다. 마음에 드는 커튼을 다는 일을 미루지 않기, 집이 더 마음에 드는 공간이 되었다. 이후에 집에서 필요한 수리들도 직접 해나갔다. 아빠 부를 때나 할까 했던 세면대 배관 갈기도 직접하고 의자나 테이블이 흔들거리면 지체 없이 뒤집어서 이음새 부분의 상태를 확인했다. 샤워기 교체와 전등 갈기는 세탁기 돌리는 일보다 쉽게 느껴졌다. 이전보다 안락하고 튼튼해진 집을 보면서 생각했다. 작은 기술은 작은 자율성을 주는구나. 자율성은 자신감을 주는구나.

물건을 고쳐서 쓰는 문화를 그 뜻 그대로 '리페어 컬쳐Repair Culture'라고도 부른다. 단순히 고쳐 쓰는 것에서 나아가 과소비와 쉽게 쓰고 버리는 문화에 저항한다. 리페어 컬쳐는 네덜란드 디자이너들이 '기술의 노예가 되지 말고, 제대로 부리자'는 내용의 리페어 선언Repair Manifesto이 영향을 주었다. 네덜란드 암스테르담을 시작으로 벨기에, 프랑스, 미국, 독일까지 리페어 카페가 생겨났다. 카페 안에 모인 사람들은 옷을 수선하거나 리폼하고, 뜨개

질을 하고 커피머신을 고친다. 어떤 곳들은 3D프린터로 대표되는 하이테크 장비들도 다룬다고 한다.* 우리 사회에서 '리페어 카페'라고 불리는 공간은 낯설지만 생각해보면 동네마다 자리한 수선집과 뜨개방, 철물점이 있다. 오랫동안 갈고 닦아온 손재주에 삶의 지혜가 더해진 어른들과 새로운 세상을 잘 받아들이고 변화하는 기술에 적응하는 젊은 사람들이 한데 모여서 각자가 가진 것들을 나누는 공간을 상상해본다.

'리페어 컬처'를 만들기 위해는 무엇을 해야 할까? 이제 막 몇 가지 도구를 다룰 줄 알게 되어서 전동드릴의 소리만 들어도, 수공구 상자만 봐도 마음이 두근거리는 나는 기회를 주는 일과 기다려 주는 일이 필요하다고 생각한다. 나는 전동드릴 사용법을 익히기 위해 남자 직원들에게 일일이 물어보고 한 번도 해보지 않은 작업을 해보고 싶어서 기웃거렸다. 나는 난생처음 잡아보는 전동드릴을 당신들은 언제 어디서 배웠냐고 물어보니 어렸을 때 아버지가 알려주거나 군대에서 배웠다고 했다.

수리가 남성의 일이라는 고정관념은 수리보다 사는 것이 싸고 빠르니 더 낫다는 인식보다 훨씬 낡은 것 같다. 가정의 아버지들은 성별을 가리지 않고 자식들 모두에게 공구 사용하는 방법을 알려주면 좋겠다. 아들이라고 일부러 불러서 가르쳐주고 딸은 평생 사용할 일이 없을 것처럼 배제하지 않았으면 좋겠다. 그래야 누구 든, 성별에 관계없이 손에 들어온 것의 쓸모를 남김없이 사용하고, 다시 창조하는 기회를 얻을 수 있지 않을까.

그리고 기다려 주는 일. 전동드릴을 사용할 때마다 옆에서 귀찮게 구는 나에게 차분하게 가르침과 기회를 준 Y와 새것을 사면 되는 걸 자꾸 고쳐보겠다는 나의 불안한 선언을 받아준 팀원들, 뭐든 해보겠다고 나대는 동생을 가만히 지켜보고 옆에서 도움을 준 동거인 U. 그들의 너그러움이 나에게 수리의 기회를 줬다.

수리하고 있는 장소라면 가서 기웃거리고 이것저것 물어보며 설칠 준비가 되어 있다. 디즈니의 캐릭터들을 잠시 빌리자면 독사과를 먹고 걸린 중독에서 구해줄 왕자를 기다리는 백설 공주보다 모투누이 섬에 걸린 저주를 풀기 위해 문제를 적극적으로 길을 나서는 모아나가 더 멋지다. 모아나가 되고 싶은, 모아나들이 더 많아지면 좋겠다.

공구를 배워보세요

공구를 가르쳐주는 곳

① 여기공

'무모하고 아름답게 모두를 위한 기술문화를 만들어 갑니다'라고 소개하는 여기공은 여성으로부터 시작해서 많은 사람들이 안전하고 즐겁게 기술을 접할 수 있는 기회의 장을 마련하고 있다. 다양한 주체들과 협업해서 주택수리 기술을 가르쳐 줄 수 있는 워크숍을 운영하고 콘텐츠를 제작한다. 여기공의 프로그램들은 참가자 모집 오픈 즉시 금세 인원이 다 찰 정도로 인기가 좋다. 그 좋은 기회를 마련해보기를, 더 많은 여기공들이 생겨났으면 좋겠다.

홈페이지: her-e.com

② LIKE-US(라이커스)

LIKE-US는 여성들이 안심하고 주택수리를 맡길 수 있도록 여성기사들이 서비스를 제공한다. 더불어서 공구를 다루는 워크숍도 운영하고 있다.

홈페이지: like-us.co.kr

③ 책《안 부르고 혼자 고침》(완주숙녀회·이보현 지음, 휴머니스트)

형광등, 콘센트, 못 박기, 현관문, 방문, 싱크대, 세면대, 화장실, 수도 등 소소한 집수리를 안내하는 책이다. 책만 보고서 기술자가 될 수는 없지만 일러스트와 상세한 설명을 보고 있노라면 일단 만만해 보이는 형광등 갈기와 못 박기쯤은 시도할 만하다는 생각이 든다.

리셋병과
그 후유증

리셋reset**병**

이전의 것을 버리고 처음부터 새로 시작하고 싶은 충동이 드는 병으로 반복적 일상이나 외부 자극, 완벽주의 성향에서 기인한다. 수첩 새로 구매하기, 메일이나 SNS 계정 바꾸기, 대청소하기 등의 증상을 보인다.

내가 만들어낸 병이기는 하지만 나에게는 '리셋병'이 있다. 내가 리셋병에 들기 시작한 건 중학생 때부터였다. 정확히 말하면 중학교 2학년 때 공부를 시작하면서부터였다. 공부를 잘하는 친구들은 모두 스터디 플래너가 있었고, 나도 그 친구들을 따라 사용하기 시작했다. 오늘 하루 공부 분량을 볼펜으로 적고, 끝내면

형광펜으로 덮는 것을 재미로 공부를 해나갔다. 날짜에 맞게 쓰고 지우는 일에 집중하다 보면 빼곡한 일주일 한 장을 얻을 수 있었다. 차곡차곡 내용이 들어찬 일주일들을 쌓으면 확실하게 뿌듯함을 얻을 수 있었다. 그렇게 부지런히 스터디 플래너 한 권을 다 채웠을… 리는 없다. 리셋병이 시작되었다.

플래너를 쓰다 보면 처음에 힘을 줘서 반듯하게 써내려갔던 글씨는 뒷장으로 갈수록 흐물거리고, 형광펜의 두께는 들쑥날쑥해진다. 오늘 주어진 칸을 빼곡하게 채운 날도 있지만 겨우 한두 개밖에 적지 못한 날도 생기기 마련이다. 당시 처음 공부라는 것을 시작한 나에게 공부는 계획한 분량을 끝내는 것이었는데, 저번 주에 끝냈어야 할 분량을 오늘까지 붙잡고 있으면 공부하는 마음에 괜히 심술이 났다. 그 심술이 심해져 폭파하는 날에는 문구점의 다이어리 코너로 곧장 직진해 마음에 드는 플래너를 고르고는 이렇게 다짐했다. '여기에 새로 적으면서 다시 공부를 열심히 해보는 거야!' 다시 힘을 줘서 글씨를 써내려갔다. 그렇게 대학교에 입학할 때까지 수십 개의 플래너와 수백 번의 결심을 갈아치웠다.

입시가 끝나고 더 이상 스터디 플래너를 쓰지 않게 되면서 리셋병은 다른 증상으로 나타났다. 오늘 하루의 공부 분량보다 삶을 이끄는 명확한 좌표에 대한 갈증이 생기면서 나는 자꾸 새로운 자아들을 만들어 그 안에 살고 버리기를 반복했다. 일상을 여행하듯 느긋하지만 호기심 가득한 눈빛으로 살아가는 사람이었다가 세상이 말하는 중요한 가치들을 뒤로 하고 자신의 길을 걷는 고집스러운 사람이었다가 반짝이는 생각들로 사람들 틈에서 관심과 사랑을 받는 사람이기도 했다. 대개 불안할 때 보았던 영화나 들었던 음악 혹은 인상적인 사람을 만났던 작은 경험에 깊이 몰두해 그런 자아들을 만들었다. 명확함을 가진 다른 자아를 만들고 입는 방법으로 일상에서 느끼는 불안을 치워갔다.

그리고 내가 그런 사람이라고 곳곳에서 드러내고 싶었다. 그 방법 중 하나는 그때 나의 가치를 담은 단어로 메일 ID와 SNS 계정을 바꾸는 일이었다. (마침 ID는 Identity의 줄임말이다) 스터디 플래너를 다시 사는 증상은 전에 쓰던 플래너를 그냥 놓아두거나 버리면 되었는데, ID를 바꾸는 건 보다 복잡한 후유증을 남겼다. 하나의 포털사이트에 여러 가지 계정을 만들어 놓다 보니 그 계정을 사용하던 당시에 다른 사이트와 계정을 연동해서 가입한 사이트에 로그인 할 때마다 번번이 헷갈렸다. 내가 여행가였던가, 자유인이었던가. 회원으로 가입한 카페, 이웃 맺은 블로그도 여기저기 흩어져 있어서 찾아가지 못할 때가 잦았다. 간편 결제를 등록

해 놓은 계정과 가장 최근에 만들고 사용하는 계정이 달라서 결제할 때마다 로그아웃과 로그인을 반복하면서 자동로그인의 편리함을 누리지 못했다. 성실한 정체성들은 메일도 주는 대로 잘 받아서 '읽지 않은 메일함'의 숫자를 보면 깜짝깜짝 놀랐다. 가장 오래된 자아는 이미 메일의 숫자 세기를 포기하고 몇 년째 +999를 띄우고 있었다.

여러 개의 정체성을 오가는 이 번거로움의 고리는 언제 끊을수 있을까. 클라우드에 쌓아 놓는 사진을 정리하는 일처럼 '언젠가'로만 미루다가 어느 날 어떤 이유보다도 강력한 계기가 생겼다. 읽지 않고 쌓아두는 메일이 이산화탄소를 발생시켜서 지구를 뜨겁게 만드는 일에 동참한다는 사실이다. 데이터를 저장하고 전송하는 디지털 센터가 있는데, 메일 역시 데이터 센터를 통해 보내지고 받아지며, 저장된다. 규모가 워낙 커서 전력이 많이 소비되고 열에 취약한 장비들을 관리하기 위해 24시간 냉방장치도 가동된다. 이 전력소비를 계산해본다면, 메일 한 개당 4g의 이산화탄소를 발생시킨다. 읽지 않고 쌓아두는 메일과 지구가열의 연결고리를 알게 된 이상 안 그래도 찝찝했던 메일함을 열어봐야겠다고 생각했다.

얼마 전 물건을 구매한 온라인 숍에서 보내준 구매 확인 메일과 택배 발송 알림 메일, 동의 서명을 진행한 기관에서 온 후원요청 메일, 지속적이거나 간헐적인 광고 메일, 넓고 얇은 관심사로 구독해 놓았던 각 분야의 뉴스레터까지. 다양한 주소로 온 메일이 차곡차곡 쌓여 있었다. 다시 볼 필요가 없는 메일들은 삭제하고 휴지통에서도 흔적을 지웠다. 자주 안 읽는 뉴스레터는 구독을 취소하고, 광고만 보내는 플랫폼들의 계정을 수신거부해 놓았다. 그렇게 읽지 않는 메일은 0. 이참에 하나의 계정만 남겨두고 안 쓰는 계정들은 삭제했다. 안녕, 한때 나의 정체성이었던 친구들아. 너희는 온라인 세상에서 삭제되지만 여전히 내 안에서 한 부분을 차지하고 있어.

읽지 않는 메일이 0인 상태가 된 화면을 잠깐 응시하면서 생각했다. 메일과 탄소배출의 관계처럼, 우리는 또 얼마나 어처구니없는 연결고리를 만들고 살아갈까? 연결고리를 깨닫지 못한 상태로 말이다. 커피를 마시던 빨대가 거북이의 콧속으로, 고기를 탐하는 미식이 다른 종에 가하는 폭력으로, 편리한 전자기기의 사용은 지구 반대편에 열악한 노동환경과 일상으로. 눈에 보이지 않은 채로 낭비된 것들과 가해진 폭력은 얼마나 될까? 언제쯤 이 연결고리들을 실감하면서 변화를 일으킬 수 있을까? 그런 세계가 오기는 할까? 이대로 망해버리는 건 아닐까? 가망 없는 질문들의 꼬리를 늘고 물어지다가 제때 메일함이나 잘 살펴야겠다고 다짐하며 그만 꼬리를 잘랐다.

사실 요즘도 메일 주소를 바꾸고 싶어서 근질근질한 마음이 든다. 그럴 때면 스스로에게 질문하면서 마음을 좀 들여다보려고 한다. 왜 또 바꾸려고 하는 거야? 또 어떤 점이 마음에 안 들고 지루한 거야? 다른 방법으로 해소할 수는 없는 거야? 계정 하나 만들어서 또 얼마나 고생을 하려고? 내가 리셋병에 든 것은 어쩌면 나자신에게 질문하지 못하고 손쉽고 즉각적인 방법으로 답을 내리고 했기 때문인 것 같다. 변화의 끈을 외부에서 찾으니 근본적으로 풀어가지는 못하고 계속 꼬여가는 것 같다. 그 꼬인 끈이 저들끼리 자꾸 어처구니없는 연결고리들을 만들어내고 있는 것 같다. 일단 나를 가만히 들여다보기, 리셋병을 치유하고 있는 중이다.

밤 9시가 되면
벌어지는 일들

U의 생일을 축하하기 위해 퇴근 후에 을지로의 한 식당 앞에서 만났다. 문 앞에 내놓은 메뉴판을 보니 접시 하나당 가격이 최소 2만 원을 웃돈다. 마음 놓고 먹기에는 다소 비싼 식당이지만 오늘은 특별한 날이니 작은 다짐을 한번 하고 식당의 문을 열었다.

음식을 주문한 후 셀카 하나를 찍어 부모님에게 보냈다. 언니 생일 잘 보내고 있어요, 라는 말을 담은 사진. U는 내가 준 꽃다발을 테이블 위에 올려놓고 연신 사진을 찍는 데 바쁘다. 생일 선물은 며칠 전에 골라두라고 말했더니 한 쇼핑몰 사이트에서 찜한 신발을 보여줬다. 그 사이에 요리가 나왔다. 숭어와 루꼴라를 적당한 크기로 잘라서 미소 소스와 함께 먹는 음식, 너무 맛있다고 호들갑 떨다가 숭어의 철이 겨울인지 겨울에서 봄으로 넘어가는 요즘 같은 때인지를 검색으로 찾아봤다. (숭어는 추운 겨울이 제철이다) 그러다 대화의 공백이 생겼고, U는 휴대폰을 손에 들었다. U 뒤로 보이는 한 남자도 일행이 화장실에 간 사이에 휴대폰을 하고 있다. 인스타그램에 패션 관련 피드가 가득한 걸 보고 의도치 않게 옷을 좋아하는 사람인 걸 알았다. 일행이 오자 남자는 휴대폰을 껐고, 나도 U에게 말을 건넸다.

U의 생일이라는 것을 제외하고는 특별할 것 없는 시간을 자세히 적은 이유는 휴대폰이다. 아침을 깨우는 알람, 오늘 옷차림과 일정을 예상해보게 하는 날씨와 미세먼지 정보, 가족이나 지인들과의 연락, 팔로우한 사람의 피드, 헷갈리는 맞춤법 검색, 다 떨어져 가는 생활용품 주문, 주말에 잡힌 일정의 기록, 예쁜 카페의 음료를 사진 찍는 일, 영어 공부까지 모두 휴대폰을 이용한다. 덕분에 우리는 앉은 자리에서 더 많은 것을 기억하고 만나고 경험할 수 있게 되었다.

'덕분에'가 아니라 '때문에'라고 느낄 때도 많다. 4년 전에 바뀐 엄마의 연락처를 아직도 헷갈려 할 때, 자기 전에 잠깐 보려던 영상이었는데 나도 모르게 새벽 두세 시까지 보고 있을 때, 공백이 생기는 시간을 견디지 못할 때마다 SNS 앱을 눌렀는데 새로운 피드가 생기지 않은 화면을 몇 번이고 마주했을 때가 그랬다.

　스마트폰의 '때문에'가 일상을 그리 유쾌하게 만들지 않는다는 것을 연달아 느끼던 날이 일주일의 휴대폰 사용량을 보여주는 스크린 타임이 상승곡선을 그리던 날과 겹치던 날, 하루 정도는 휴대폰을 쓰지 않아야겠다고 작정했다. 주말 하루를 잡아 휴대폰을 껐는데 일단 결과는 대실패였다. 운동복을 구매하려는데 앱을 설치하면 할인 쿠폰을 준다는 말에 휴대폰을 켜고 쇼핑앱을 설치했다. 글을 쓰려는데 주중에 때때로 떠올린 글감은 모두 메모장에 기록해 놓아서 메모앱을 켰다. 회의 중에 나오는 레퍼런스의 대부분이 인스타그램이라 인스타그램앱을 몇 번이나 들락날락 했다. 시장에서 저녁거리를 구매하는데 결제를 위해서 제로페이앱을 사용했다. 그러다가 모든 연락에 답장을 하고 오늘의 실패담을 SNS에 올렸다. 우리의 일상은 스마트폰과 너무 밀접하고 갑자기 끊어내는 것은 불가능하다.

　그렇다면 밤 9시. 일과시간 중 휴대폰을 사용하지 않을 수는 없고, 휴대폰 사용 때문에 사회적 활동을 멈출 수도 없으니 일주일 동안이라도 밤 9시 이후에 사용하지 않기로 했다. 퇴근해서 먹고, 씻고, 정리하는 모든 일과를 마무리하는 시간은 보통 9시. 잠깐 휴대폰을 보려고 했던 결심이 잠들기 직전까지 이어지기 좋은 그 시간. 밤 9시 이후에 휴대폰 없는 시간을 보내기로 했다. 그리고 잠들기 전까지 무엇을 했는지 기록했다.

1일차.

퇴근해서 U와 맥주 한잔을 하며 오늘 하루 있었던 일을 나누다 보니 시간은 어느덧 8시 50분. 이제 뭘 할까? 얼마 전에 구매한 페이스 오일의 포토리뷰를 올려서 포인트를 받으려다 말았다. 9시까지는 10분밖에 안 남았고 급한 것도 아니니까. 그렇다면 뭘 할까? 오랜만에 미세먼지가 좋은 날을 기념해서 얼마 전에 구매한 공기청정기 사용기를 SNS에 남기려다 또 말았다. 하고 싶은 말이 많은데 10분이면 턱없이 부족하다.

샤워를 하고 스킨을 바르려는데 스킨이 똑 떨어졌다. 귀찮지만 지금 만들어야지. 다른 때 같으면 화장품 리뷰를 올리고 나서 공기청정기에 대한 이야기를 쓰느라 침대로 돌진했겠지. 스킨 만들기는 주말로 미루고 U의 스킨을 내내 쓰다가 잔소리를 듣는 상상을 했다. 스킨을 만들기 위한 아로마 오일은 대부분 수렴작용에 좋은 걸 선택했다. 최근에 모공이 넓어져서 신경 쓰고 있는 부분이다. 50ml의 유리병 스킨은 보통 한 달이면 다 쓴다. 한 달에 한 번이라니. '스킨클럽'이라는 이름으로 DIY 커뮤니티를 만들어도 재미있을 것 같다. 스킨을 다 만들고 나서 유해화학물질 공부도 하면서. 스킨클럽을 운영하려면 아는 게 좀 있어야겠지? 가용화제로 쓰이는 올리브리퀴드와 솔루빌라이저의 차이를 알아봤다. 자연에서 유래해서 안전하게 사용할 수 있다는 화장품 재료 판매 사이트의 설명으로 시작해서 이 둘은 EWG 스킨딥* 3등급을 차지한 PEG 계면활성제**라 위험성이 존재한다는 어느 블로거의 글로 끝이 났다. 다음에는 귀찮아도 안전하다는 올리브 유화왁스는 가열해서 사용해볼까.

2일차.

9시가 다가오니 괜히 9시까지 휴대폰을 더 붙들고 있게 된다. 마지막으로 인스타그램을 한번 훑어본다는 것을 피드가 무한정으로 띄워주는 유머계정에 홀랑 넘어가서 시간은 어느덧 9시 10분, 휴대폰을 뒤집었다. 이제 무엇을 할까? 금요일에 점심시간을 이용해서 회사 동료들과 만들기로 한 비누망 재료를 준비하기로 했다. 삼베실을 80cm로 잘라서 총 40가닥 만들기. 삼베실이 여러 겹으로 되어 있어서 끝을 한번 묶는 작업까지 했다. 반복되는 단순 작업에 마음이 편안해졌다.

시간은 금세 10시에 가까워졌다. 오늘은 온라인 요가 수업이 있는 날이라 노트북을 켜고 요가매트를 깔아 화상회의 링크를 기다리고 있는데, 새로운 맞은 달의 수업은 이틀 후인 금요일부터 시작이란다. 아쉬운 대로 유튜브 영상을 보면서 하려다가 알고리즘의 덫에 걸려 20분 정도 영상을 봤다. 아, 이제 요가해야지. 의식해서 호흡을 하면서 뻣뻣해진 몸을 풀어준다. 그나저나 자유시간이 주어지는 9시 이후에 보통 인스타그램에 피드를 올리는데 일주일 동안 못 올리는 건가 싶었다. SNS에 소식을 올리지 않으면 왠지 존재감이 묻히는 것 같은 기분이 든다. 나는 이렇게 요가매트 위에서 호흡하면서 존재하고 있는데도 말이다.

3일차.

반차를 쓰고 오랜만에 대학교 후배를 만났다. 낙천적이고 에너지 넘치는 후배와 보낸 시간이 남긴 여운이 길고 깊어서 집에 오는 길, 9시가 되기 전에 SNS에 후다닥 짧은 글을 올리고 휴대폰을 뒤집어 놓았다. 이제 뭘 하지? U의 방에 놀러갔다. 오늘 약속 장소였던 망원동의 가게들, 사온 물건들, 후배와 나눈 이야기와 그때 느낀 감정들을 침대에 누워 있는 U와 나눴다. U가 내뱉는 감탄이나 따라오는 질문들을 보니 오늘 약속에서 얻은 영감과 자극이 전해지는 것 같아 기뻤다. 평일에는 각자 일정으로 밥한 끼는커녕 제대로 된 대화도 주고받기 힘든데 오랜만에 오랜 대화를 했다. 다 휴대폰을 뒤집어 놓았기 때문에 그럴 수 있다고 생각했다. 아니면 아까 올린 인스타그램 피드의 반응을 몇 번이나 살폈겠지. 일주일의 실험이 끝나고도 계속되면 좋겠다고 생각했다.

4일차.

9시! 휴대폰을 뒤집었다. 기준을 세워 놓는 건 좋은 일이다. 오늘은 (진짜로) 온라인 요가가 있는 날, 씻고 나서는 요가 수업시간까지 무엇을 할까 생각하다가 요가매트 위에 누워서 책을 읽었다. 제목은 《나를 조금 바꾼다》(나카가와 히데코 지음). 제목을 잠깐 바라보면서 우리는 나 자신을 더 나은 모습으로 만들기 위해서 매일을 고군분투하면서 살아가는 게 아닐까, 생각했다. 목차를 보다가 'SNS 소화불량'이라는 제목의 글이 있어 먼저 읽었다. '행동의 목적이 순수하게 즐거움을 만끽하는 것이 아니라 SNS에 올리는 것으로 변질된 경우를 자주 본다'는 내용에 크게 공감했다. 먹음직스러운 음식사진, 감각적인 공간의 사진, 새로운 경험까지. 인스타그래머블Instagramable한 순간을 상상하고 찾아다니는 모습이 나에게도 있다. 좋은 경험은 꼭 올려야 하는 병에 걸린 것만 같다. '요즘은 다 그래'와 '아무튼 문제가 있어' 사이에서 아직 적절한 자리를 찾지 못한 것 같다. SNS 플랫폼에서도 중독에 대한 문제를 인지하고 여러 가지 해결책을 강구하고 있는 중이라니 결과를 기다리며 SNS를 사용하는 나를 의식해봐야겠다. (책을 읽다가 결국 매트 위에서 잠이 들었다. 이 글은 다음 날 새벽에 쓰는 일기)

5일차.

저녁 약속에서 돌아오는 지하철에서 9시를 맞았다. 집에는 광주에서 잠깐 올라온 친동생 C가 기다리고 있었는데, 9시가 가까워져서 이렇게 카톡을 보냈다.

'맥주랑 토마토 사갈게, 9시 이후에는 휴대폰 안 씀!'

집에 도착해 C에게 그간 안부를 물으면서 요가를 했다. 요가 마무리에 머리서기를 하는데 화장실에서 나온 C가 흥미로운 표정으로 지켜봤다. "내가 몇 달 만에 머리서기 할 수 있게 되었다고 자랑했을 때 너 엄청 간단하게 했잖아." 요즘 살이 쪄서 어쩔지 모르겠다는 C와 내일 커피를 내기로 오래 버티기 시합을 했다.

거꾸로 된 세상에 들어서면 생각이 많아진다. 바로 서 있는 게 익숙한 몸이 정신을 교란시켜서 익숙한 상태로 돌아가게 하려는 마냥. 요가매트를 바라보는 것에 집중하다 보면 잡생각은 점점 없어지고 자세가 잡힌다. 시합을 한다는 것을 인지하지 못할 정도가 되자 C가 먼저 바로 선 세상으로 돌아왔다. 체육을 가르치는 C를 이기다니, 기분이 좋았다. 이기고 싶은 C가 이번에는 앞으로 굽히기 시합을 제안했다. 요가를 하는 사람으로서 요가에서 무척 자주 하는 앞으로 굽히기도 질 수 없지. 마침 집에 돌아온 U도 합세했다. 삼 남매는 시합이라는 것도 잊고 "조금만 더!"라고 말하며 서로를 응원했다. 그 결과 모두 30cm를 넘었고, 유연성은 유전이라는 말로 끝이 났다. 잠깐 모여 이야기를 주고받다가 각자의 잠자리로 돌아갔다. 두고두고 생각날 것 같은 기운 좋은 밤을 보낸 것 같다고 생각했다.

6일차.

어김없이 몇 개의 앱을 왔다 갔다 하다가 9시를 맞았다. 씻고 나와서 펼쳐든 책 《달의 요가》(산토시마 카오리 지음)에서는 월경을 지난 한 달을 어떻게 보냈는지 일깨워주기 위해서 몸이 우리에게 보내는 편지라고 해석했다. 달이 차오르고 기우는 것처럼 변화 속에서도 내내 균형을 찾는 우리의 몸, 그 변화의 끝에서는 언제나 본래 자신의 둥그런 모습으로 돌아가기를 바란다는 응원을 곱씹었다. 하루를 마감하는 밤에 휴대폰도 내려놓고 자신에게 온전한 휴식을 주는 것이 책에서 말하는 월경의 의미와 비슷하다는 생각이 들었다. 오늘 하루를 어떻게 보냈는지 가만히 생각해보고, 나

자신으로 돌아가 편히 쉴 수 있기를 바라는 것. '자, 9시가 되었으니 이제 무엇을 할까?'라는 질문을 던지고 나서 이후에 하는 일들을 모아보니 모두 내가 좋아하는 것들이었다.

7일차.

7시가 퇴근 시간이라 정시 퇴근을 하고 집에 와도 8시다. 저녁을 먹기에는 조금 늦은 시간이라 회사 근처에서 간단하게 먹고 집에 가곤 하는데 오늘은 U에게 연락을 했다. 어묵탕이 먹고 싶다고 말했더니 돌아오는 대답은 "해 놓아?", 이래서 함께 사는 일이 즐겁다.

칼칼한 어묵탕을 먹으며 '월요일이라서'라는 말을 몇 번 하다 보니 9시가 되었다. 휴대폰을 뒤집고 설거지를 하고 씻었다. 이제 뭘 할까? 오늘은 미뤄왔던 바느질을 해보기로 한다. 화장대에서 휴지 대용으로 쓰는 가제 손수건 만들기. 여분의 손수건 중 하나를 여덟 조각으로 자르고 자른 부분을 박음질했다. 한 시간 동안 약지 손가락 길이만큼 밖에 못했지만 마음에 들었다. 10시가 되었고, 요가수업에 참여했다. (드디어!)

오늘부로 9시 이후에 휴대폰을 사용하지 않은 지 일주일 되는 날이다. 처음에는 휴대폰에 자꾸 손이 가더니 이내 익숙해졌다. 하루 중 유일하게 휴대폰을 멀리하는 시간에 '뭘 할까?'라는 질문을 던졌다. 손을 이용해 무언가를 만들었고, 책을 읽으면서 나의 상황에 빗대어 보는 사유를 했고, 대화를 더 많이 했다. 휴대폰을 뒤집는 시간이 늘어날수록 나를 더 잘 알 수 있게 될 것 같다. 하루 중 유일하게 하고 싶은 일을 떠올리고 실행하는 거의 유일한 시간. 밤 9시가 좋아졌다.

영어단어사전에 waste를 검색해보면 '낭비'가 '쓰레기'보다 뜻의 순서가 빠르다. 낭비와 쓰레기는 하나로 쓰일 만큼 떨어트려 놓을 수 없는 단어겠지, 쓰레기 이전에 낭비가 있겠지, 순서를 해석하며 쓰레기를 줄이기 위해서는 낭비되는 일상을 먼저 돌아봐야 한다고 연결지어본다.

주체성을 가지지 않은 채 익숙해진 스마트폰 사용에는 낭비가 많다. 거절하지 않으면 받게 되는 비닐봉지처럼, 방심하면 꽂혀 나오는 아이스 아메리카노의 빨대처럼 습관적인 휴대폰의 사용은 시간의 낭비를 만들고 유쾌하지 않은 감정을 만든다. 온갖 광고와 알고리즘, 중독을 만드는 설계를 경계하고 대책을 세우지 않은 채 습관적으로 휴대폰을 들고 있다면, 그 시간이 낭비라고 생각해 본

적이 있다면 각자의 라이프 사이클에 맞춘 규칙을 만들어 봐도 좋겠다. 디지털 일상에도 제로웨이스트가 필요하다. •••

잘 버리기 위해
미뤄둔 버리기

우리 집 현관에는 반년이 넘도록 두 개의 상자가 고스란히 놓여 있다. 상자 하나에는 옷이 가득 들어 있고, 다른 하나에는 책이 꽉 채워져 있다. 현관에는 내 키보다 더 큰 선반도 있는데 가림천이 있어서 마음 놓고 잡동사니를 쑤셔 놓는다. 어떻게 버려야 할지 몰라 일단 모아두고 있는 고장 난 전자제품과 이전에는 사용했지만 지금은 쓰지 않는 온갖 물건들이 뒤섞여 있다. 중고거래로 팔거나 기부하거나 잘 버려야겠다고 생각해서 놓아둔 것들인데 짧게는 두 계절, 길게는 한두 해가 지나도록 그 자리에서 있어서 이제는 익숙한 집안 풍경이 되어버렸다.

다니던 회사를 그만두고 난생처음 '고용되지 않은' 상태가 된

적이 있다. 의도하지 않았던 자유시간이라 처음에 어떻게 시간을 보내야 할지 몰랐는데 차차 하루의 루틴이 자리 잡힐 무렵에는 해야 할 것들과 하고 싶었던 것들이 보였다. 그때 현관 앞의 상자가 눈에 들어왔다. 잘 버리기 위해 미뤄둔 버리기. 시간과 생각이 많을 때는 대청소가 좋다.

상자 하나를 열어보니 책이다. '지금 읽고 있는 책'을 계속 손에 두며 꾸준히 책을 읽으려다보니 책은 점점 불어난다, 그리 넓지 않은 방에 책이 점점 쌓여갔다. 늘어나는 책을 고이고이 보관하고 있기에는 방이 비좁고, 쌓여가는 책을 보고 만족해하는 게 허영심인 것도 같아서 5단짜리 책장에 책이 찰 만큼만 보관하기로 했다. 세로로 촘촘히 꽂아두고, 그 위에 생긴 틈에도 가로로 차곡차곡 쌓아 놓다가 그마저도 공간이 없을 때쯤 책장을 점검해 다시 읽지 않을 것 같은 책을 골라낸다.

골라낸 책은 먼저 중고서점에 판매한다. 중고서점의 웹사이트에서 검색하면 책의 판매 가능 여부와 상태에 따른 판매 금액을 확인하고 택배로 보낸다. 중고 책 업체에서 책을 받고 검수가 끝나면 해당 금액을 입금해주는데 꽤 쏠쏠해서 기분이 좋다. 팔 수 없는 책도 많다. 이미 재고가 너무 많거나 출판년도가 오래된 책들. 그 책들은 모아두었다가 일정량이 되면 기부한다. 현관 앞에 가득 찬 한 박스의 책도 중고 책으로 거래가 불가능한 책이었다.

책을 기부 받는 곳은 검색을 통해서 어렵지 않게 찾을 수 있다. 나는 한 비영리후원단체에 기부하기로 했다. 단체가 운영하는 식당에서는 중고 책을 비치하고 판매해 판매수익을 인도의 한 도서관에 기부한다. 지난번 그 식당에 방문해서 가져온, 책을 기부 받는다는 내용이 적힌 노란색 카드를 박스 안에 넣으면서 생각했다. 계속해서 좋은 여행하길.

다른 한 상자는 그럼 옷이겠구나. 입지 않는 옷가지와 에코백이 가득 들어 있다. 신기하게도 입지 않는 옷은 매 계절 생긴다. 에코백은 제 돈 주고 산 적이 없는데도 계속 쌓인다. 본래 버리는 걸 잘 못 하지만 옷이나 천 종류는 더욱 못 버리는 편이다. '이 옷은 패턴이 예쁘니 언젠가 재봉틀을 배워서 손수건을 만들면 좋겠어.' '일상복으로는 더 입을 수 없겠지만 언젠가 농사일을 하거나 페인트칠을 할 때 막옷으로 입을 수 있을 거야.' '나중에 플리마켓할 일이 있을 때 내면 좋아하는 사람이 있을 것 같아.' 버리는 일은 실은 별로 합당하지 않은 이유로 언젠가와 나중을 기약하면서 미룬다. 얼룩이 져서, 유행을 타서, 기관의 로고가 있어서 더 입지 못하고 누군가에게 줄 수도 없을 티셔츠 여섯 벌을 골라내 헌 옷 수거함에 넣었다. 나머지는 조금 더 작은 박스에 옮겨두었다. 언젠가 사용할 일이 있을 테니까, 그러기를 바라면서.

이번에는 선반의 가림 천을 열어 보았다. 재질만큼이나 버리는 방법도 복잡할 것 같은 소형 가전제품 한 무더기가 나왔다. 유·무선 이어폰과 포터블 스피커, 탁상용 가습기와 전자시계와 선풍기, 카메라와 휴대용 보조배터리, 두 개의 휴대폰까지. 참고로 내가 산 건 휴대폰뿐이고 기념품이나 사은품, 선물로 받은 것들인데 모두 고장이 났다. 복합 재질이니 일반 쓰레기로 버리면 될까 싶다가도 찾아보면 다르게 버리거나 활용하는 방법이 있을 것 같아 모아두었다. 잘 버리기 위한 지난한 과정이 기다리고 있었다.

언젠가 설치해 둔 앱이 하나 생각났다. '내 손안의 분리배출' 이라는 앱인데, 버릴 품목을 검색하면 분리배출 방법을 쉽게 알려준다. 품목을 하나하나 검색해보니 소형가전 제품류는 모두 '폐가전 무상방문 수거 서비스'를 활용하라고 알려줬다. 폐가전 무상방문 수거 서비스는 홈페이지에서 사전에 신청하면 원하는 날짜에 집 앞까지 와서 무상으로 수거해준다. 가져간 제품은 특성에 따라 분해하고 가능한 재질과 부품은 재활용한다. 홈페이지에 수거 신청 품목을 선택하는데 그 폭이 좁아서 버릴 수 없는 게 많았다. 전자시계, 블루투스 이어폰, 카메라 충전기, 보조배터리는 수거 품목이 아니라는데, 어떻게 버려야 할까. 인터넷에 검색을 하다가 서울환경연합 유튜브 〈도와줘요 쓰레기박사〉 내용을 많이 참고했다.

— 카메라 충전기

충전기뿐 아니라 이어폰, 멀티탭 등 전선류의 배출은 모두 비슷하다고 볼 수 있는데, 플라스틱 피복을 벗기면 안에 구리가 있어서 재활용이 가능하다. 전선류를 모아서 전선을 재활용하는 곳에 보내면 재활용이 가능하지만 문제는 어떻게 전선류만을 모을 것이냐. 별도의 수거 체계가 만들어져야 한다. 가정에서 나오는 소량의 전선류는 일반 쓰레기로 폐기해야 한다. 단, 휴대폰 충전 케이블의 경우에는 '나눔폰'에서 폐휴대폰, 배터리와 함께 배출이 가능하다. (나눔폰에 배출한 휴대폰은 개인정보보호된 채로 폐기되고, 기부금 영수증도 신청할 수 있다)

— 블루투스 이어폰

안타깝지만 현재 블루투스 기능을 가진 무선 이어폰을 재활용할 수 있는 방법은 없다. 무선 이어폰만 따로 모아서 그 양이 확보

된다면 재활용이 가능할 수도 있지만 현재는 그 설비와 규모의 문제가 있어서 재활용이 어렵다. 일반 쓰레기로 폐기해야 한다.

— 휴대용 보조배터리

휴대용 보조배터리는 리튬 이온 건전지이기 때문에 별도로 모으면 재활용이 가능하다. 하지만 현재 휴대폰 보조배터리는 생산자책임재활용제도EPR*에 포함되어 있지 않아서 관리의 사각지대라고 한다. 동네마다 마련된 폐건전지함에 버리면 해당 업체에서 재활용하고 있다고(는) 한다.

마지막 전자시계는 답변을 찾지 못했다. 소형 전자제품을 모두 한국전자제품자원순환공제조합(폐가전제품 무상방문 서비스)을 통해서 수거가 가능한 것처럼 말을 하고 있지만, 실제 해당 서비스에서는 검색되지 않는 항목이면 배출이 불가능했다. 전자시계와 무선이어폰과 카메라 충전기는 일반 쓰레기로 버렸다.

내가 사 놓고 입지 않는 옷과 사지 않은 에코백은 앞으로도 계속 생각날까. 앞으로는 잘 버리고 싶은 일이 분리배출 앱과 무상배출 수거 예약 시스템과 환경 유튜브와 그 댓글을 전전해야 할 만큼 어려운 일이 되지 않아야 할 텐데. 제품을 만들거나 포장재를 사용한 생산자에게 그 제품과 포장재의 일정량을 재활용하는 의무를 부과한다는 제도를 듣고 작게 안심을 했는데 잘 버리는 일은 아직 가야 할 길이 멀다고, 실감했다. 계속 바꿔가는 일에는 '그래서 전자시계는 어떻게 버려야 하는지' 같은 촘촘한 고민을 하는 사람으로부터 시작하겠구나. 일단 동네에서 멀티탭, 이어폰, 충전기 같은 전선류라도 모아볼까. 여러 가지 작당을 상상해본다.

현관 앞 두 개의 상자와 본래 보이지 않았지만 마음속 한 편에 쌓여 있던 짐들이 버려졌다. 동거인은 "드디어 현관이 깨끗해졌어!"라고 명랑하게 말해서 제대로 버리지 못한 것들이 남긴 아쉬운 기분이 나아졌다. 조금 덜 여유가 있어도 개운해진 기분으로 잘 버릴 수 있는 환경이 되기를, 사람도 쓰레기도 보다 긴 여행을 하기를 바래본다.

잘 버리고 싶나요

소형 가전을 버리는 방법

① 내 손 안의 분리배출

손쉽게 분리수거 할 수 있도록 배출방법을 알려주는 앱. 주요 쓰레기에 대한 분리배출 방법을 자세히 알려주고, 원하는 품목을 검색할 수도 있다.

② 폐가전 방문수거 배출예약시스템

보통 폐가전은 동사무소나 지역구 홈페이지에 들어가 대형 폐기물 배출 신고를 하고 이에 맞는 수수료를 내고 신고필증을 부여 받는다. 수수료와 이동이 번거롭다고 생각할 경우와 소형가전제품을 버릴 때는 폐가전 무상방문 수거서비스를 이용하면 좋다. 배출 품목을 선택하고 원하는 날짜를 지정하면 수거를 해준다. 단, 소량 가전의 경우 다섯 개 이상이어야 한다.

③ 서울환경연합 유튜브 콘텐츠〈도와줘요 쓰레기박사〉

자원순환사회경제연구소의 홍수열 소장님이 쓰레기 박사로 등장해 재활용이 어려운 작은 쓰레기의 기준은 무엇인지, 지퍼백은 어떻게 분리배출 해야 하는지 등 세세하고 촘촘한 질문들에 답변을 해준다. 격주 화요일에 업로드된다. 홍수열 소장님의 책《그건 쓰레기가 아니라고요》도 있다.

제로웨이스트가 건네는 변화

05

변화

소비 시대를
재치 있게 건너는 방법

어느 날 특별한 이유 없이 함께 일하는 팀장님 A로부터 작은 선물과 쪽지를 받았다. 갑자기 받은 선물이라 더 그렇지만, 작은 포스트잇에 적힌 몇 줄 안 되는 쪽지에 마음이 벌렁거렸다. 쪽지는 '언제나 재치 있게 살아내는'이라는 말로 시작했다. 재치라니, 살면서 처음 들어 보는 말이었다.

재치라는 말을 입으로 몇 번 오물거려본다면 기발한 생각과 표현으로 만나면 깔깔대기 바쁜 친구와 평소에 생각하지 못했던 조합으로 옷을 입는 독특한 스타일을 가진 친구가 떠오른다. 조금 멀리 가보자면 전하고 싶은 이야기를 기묘한 소재와 방법으로 표현한 한 예술가에 대해 어느 평론가가 쓴 글에서도 찾아볼 수 있을 것 같다. 내가 자주 듣는 말은… 열두 살 때부터 좋아하는 이성과 많은 친구들로부터 "너는 참 편안해."라는 말을 들었다. 꼬맹이 시절부터 이모에게 '복덩이'라는 말을 들었는데 20년도 더 지난 어느 날 한 면접 자리에서도 얼굴에 복이 있다는 말을 들었다. 볼살이 꼬맹이 시절보다 많이 빠진 것 같은데 말이다. 아무튼 재치는 나에게 어색한 말, 나 말고 다른 사람들이 차지해야 어울리는 말이라는 생각이 들었다.

나에게 어울리지 않는다고 생각했지만 왠지 기분이 좋아서 작은 포스트잇 편지를 책상 한편에 붙여 놓았다. 재치, 재치, 재치, 뭔가 재미있는 구석이 마구 발견될 것 같은 그 단어들을 소리 내어 말해보기도 했다. 사전에서 검색해보니 유의어가 슬기, 위트, 기지라 더 마음에 들었다. A 팀장님이 나에게서 발견한 재치는 무엇일까? 이것저것 나의 특징이나 개성들을 떠올려보다가 티끌만 한 구석도 대단한 장점으로 만들어버리는 자기기만에 빠질 것 같아 그만두었다. 대신 주변 사람들이 가진 재치가 눈에 들어왔다. 엄마와의 의견 나눔이 말다툼으로 번질 위기에 처한 순간에 가만히 앉아 쉬고 있는 강아지 레오에게 그렇지 않느냐고 동의를 구하며 분위기를 무마시키는 아빠, 따가운 햇볕에 얼굴을 잔뜩 찌푸리며 '이카루스의 날개도 녹여버릴 것 같은 햇볕'이라며 일상에서 잘 쓰지 않을 표현을 천연덕스럽게 쓰는 친구, 회의가 너무 진지하고 무겁게 진행되지 않도록 중간 중간 가벼운 유머를 사용해 모두를 환기시켜주는 동료까지. 깔깔댈 만큼, 강렬해서 두고두고 기억에 남을 만큼은 아니더라도 모두들 재치 있는 면모 하나쯤은 가지고 있다고 생각했다. 그렇다면 나도 재치 있는 구석을 가지고 있지 않을까. 물건을 활용하는 측면에 있어서는 나도 재치라는 말을 쓸 수 있을 것 같다고 생각하며 몇 가지 예시를 들어본다.

— 식탁에 놀러온 바다

한때 주기적으로 찾았던 영덕의 7번국도 앞 바다. 하루는 작정하고 돌을 주웠다. 젓가락 받침을 사려고 찾아봤는데 고만고만한 것들이 너무 많아 마음에 쏙 드는 걸 찾기 어려웠던 참에 길쭉한 돌로 대신 쓰면 좋겠다는 생각이 들었다. 함께 간 친구와 한동안 고개를 푹 떨구고 젓가락 받침으로 쓸 만한 것들을 찾았다. 숟가락과 젓가락을 동시에 받치기에 충분한 길이를 가지고 있으면서도 미끄러짐 없이 안정적으로 받칠 수 있게 평평한 돌. 그날 친구의 활약으로 아주 적절한 돌을 주웠다.

친구들이 집에 놀러와 밥을 먹을 때면 이 돌 받침을 놓아주며 재미있어 하라고 바닷가에서 주워온 돌이라고 꼭 알려준다. 친구들은 아무거나 주워서 직접 연마한 거 아니냐, 산 건데 거짓말하는 거 아니냐는 둥 쉽게 믿지 못한다. 그만큼 감쪽같이 식탁에 스며들어 제 역할을 톡톡히 하고 있다. 돌 받침이 준 경험으로 이후에 필요한 물건이 생길 때마다 다른 것이 그 쓰임을 대체할 수 없는지를 생각해본다. 산책하며 주울 수 있는 나뭇가지나 돌까지 범위를 확장하면서. 젓가락과 젓가락 받침을 가지런히 놓으면 종종 그날의 바닷가가 떠오른다.

— 꽂을 수 있는 어떤 것이라면

한때 수저통이었던 흰색 도자기, 지금은 연필꽂이로 사용하고 있다. 생활용품점에 갔다가 흰색의 깔끔한 디자인이 주방과 잘 어울리겠다 싶어서 구입했는데, 물 빠짐 구멍이 없어서 매번 바닥의 물기를 닦아줘야 했다. (아무래도 주방에 잘 서지 않는 사람이 만들었나 보다) 안 되겠다 싶어 구멍이 없어도 되는 연필꽂이로 사용하고 있다. 회사 책상에서 사용하고 있는 연필꽂이 역시 본래 연필꽂이로 만들어진 물건은 아니었다. 회사에 있으면 으레 이곳저곳에서 선물을 받게 되는데, 그렇게 받은 도자기 컵이다. 사용하고 있는 컵은 이미 있고, 매일 사용하기에는 디자인이 요란하다고 생각했는데 필기구를 꽂아 놓을 통이 필요하다고 생각하던 차에 연필꽂이로 사용하고 있다.

직장 동료들의 심부름을 할 때면 가끔 연필꽂이를 사다 달라는 부탁을 받는데, 그때마다 멈칫하게 된다. 여분의 연필꽂이는 없지만 연필꽂이의 역할을 할 수 있는 것들이 주변에 많아 보이기 때문이다. '점심에 테이크 아웃한 커피 잔을 씻고 말려서 연필꽂이로 사용하면 어때요?' '안 쓰는 컵이 찻장에 많은데 그중에서 높이가 조금 있는 걸 연필꽂이로 사용해도 좋을 것 같아요.' 물론 그런 말을 하지는 않고 꼬박 연필꽂이라고 적힌 물건을 구매하고 책상에 올려둔다. 아무리 봐도 내가 사다준 형광색의 연필꽂이보다는 책상 위의 일회용 잔이, 찻장의 머그컵이 더 예쁘고 튼튼한 것 같다. 다음에는 찻장의 컵을 직접 꺼내 보여주면서 제안해봐야겠다. 사지 말고, 이건 어때요?

— 우연한 발견이 주는 즐거움

안 쓰는 TV장을 화분을 놓아두는 가구로 사용하고 있었다. 화분이 점점 줄어들기도 하고 거실에 색다른 배치가 필요해서 이 TV장을 버릴지 말지를 고민했다. TV의 무게로 가운데가 살짝 내려앉은 선반이 중고로 팔릴지를 가늠하다가 버리기로 했다. 현관에 놓아두려다가 자리를 많이 차지해서 세워 놓았는데 그 순간 동거인 U와 내 머릿속에는 작은 불꽃이 튀었다. 세워 놓은 TV장이 완전히 다른 느낌으로 다가왔다. 본래 모양으로는 흔히 TV장이 그렇듯 낮은 높이의 물건을 넓게 보관할 수 있는 긴 선반이었는데, 세워 놓으니 높은 길이의 물건을 좁게 보관할 수 있는 선반이 되었다. 종이 상자에 보관하고 있는 LP! TV장의 다리 네 개를 떼고 세워 놓아 LP와 CD를 보관하는 선반을 만들었다. 거실을 지나다닐 때마다 선반을 바라보며 물건을 활용하는 일의 즐거움을 흥얼거려본다.

요즘 우리가 접하는 물건의 종류는 굉장히 세분화되고 다양화되었다. 편리라는 명목으로 '아이템빨'이라는 단어가 주는 합리화로 점점 더 많은 물건을 구매하고, 이고 지고 살고 있다. 세분화된 쓰임을 가진 물건들이 쏟아져 나오는 시장에서 소비자는 물건의 활용에 대한 상상력이 제한되고 오로지 소비를 통해서만 필요를 충족하지 않을까. 생산자가 만들어 놓은 물건의 쓰임에 활용범위가 갇히는 것이다.

'롱 라이프 디자인long-life design'은 긴 생명을 지닌 디자인과 유행이나 시대에 좌우되지 않는 보편적인 디자인을 의미한다. 디앤디파트먼트D&Department는 롱 라이프 디자인을 생각하고 전하는 곳인데 이미 존재하는 것을 새롭게 바라보는 방법을 소개하고, 그 안에 발견되지 못한 가치를 찾아내고, 이미 소비한 물건에 가치를 입혀서 판매한다. 폐업한 가게에서 나온 물건이나 생산연도가 오래된 제품이라도 롱 라이프 디자인의 가치에 부합하면 버젓이 판매된다. 디앤디파트먼트를 방문하는 사람들은 그 가치를 알아보고 물건을 새롭게 바라보는 관점을 배우고 다른 이름으로 부르는 경험을 소비한다.◆

재치

[명사]

어떤 사물의 새로운 쓰임을 발견하는 재주

본디 있던 물건을 다른 쓰임으로 사용하는 재주

재치에는 반전이 있다. 일반적이거나 익숙한 일이 아니다. 예상 밖의 영역에서 튀어나와야지만 재치와 잘 어울린다. 어울리지 않을 것들이 자연스럽게 뒤섞여 있을 때 재치가 있다. 물건을 본래 쓰임이 아닌 다른 쓰임으로 활용하는 일, 물건을 구매할 때 환경적 영향도 고려하는 일, 수선해서 계속 사용하는 일. 쓰레기가 넘쳐나는 시대, 소비가 쉬운 시대에 물건에 관해서 재치 있는 일은 덜 사고, 더 활용하는 일이라고 생각한다.

물건의 쓰임을 새롭게 발견하는 일이 많아지면 좋겠다. 누가 정해 놓은 것이 아니라 스스로 상상하고 만들고 발견하는 일은 동시에 우리 안에 숨겨진 재치도 함께 발견되는 일이 될 수 있지 않을까. 그나저나 재치를 이렇게나 분석하다니, 난 참 타고난 재치는 부족하다.

옷을 입고 난 후
들여다봐야 할 것은

한때 만났던 애인 H와 경주에 벚꽃놀이를 간 적이 있다. 연인들의 벚꽃놀이라 하면 흩 날리는 벚꽃 잎을 손안에 담으려는 낭만적인 시도를 하고, 벚꽃 터널을 천천히 걸으며 사람들을 구경하고, 그 아래에서 서로 사진을 찍어주며 예쁜 추억을 만들기 위한 노력을 해야 마땅한 것이 아닐까. 그날 나는 그러지 못했다. 사람이 너무 많았고, 흥미를 사로잡는 것들도 없었고, 사진을 찍고 싶지도 않았다. 뭐가 좋은지 옆에서 연신 히죽거리는 표정을 짓는 H는 나의 툴툴거림도 허허허 웃으며 다 받아주었는데, 그날은 H의 넓은 마음에도 괜히 심술이 났다.

그러다가 우리의 옆을 지나가는 한 연인을 봤다. 분명 그들도,

우리도 연인이었지만 많이 달랐다. 내 눈을 사로잡았던 건 여성분이었는데 그날 꽃놀이에 온 누구보다도 행복한 표정을 짓고 있어서 멀리서부터 눈에 띄었다. 내 어깨선을 지나 사람들의 인파 속에 사라져 갈 때까지 그분을 쳐다봤다. 저 사람은 왜 저렇게 행복한 걸까? 호기심과 함께 부러움이 일었다. 꽃놀이에서 돌아와서도 계속 그 표정이 맴돌았다. 내가 그 사람에 대해 아는 건 옷차림 뿐. 채도가 낮고 헐렁한 옷, 동네 산책에 어울리는 옷, 독특하지만 귀여운 스타일, 나는 한동안 비슷한 옷들을 구매해서 따라 입었다.

그 옷들은 지금 내 옷장에 하나도 남아 있지 않았다. 같은 옷을 걸친다고 그 사람처럼 행복해지는 건 분명 아니었다. 생각해본다면 이렇게나 어설픈 이유로 옷을 산 적이 한두 번은 아니다. 쇼핑몰 모델이 입은 토털룩에 반해 그대로 구매하고는 각각의 아이템을 다르게 활용할 방법을 몰라서 토털룩으로만 입고 다녔던 옷들, 금세 질려서 다음 해에는 꼭 버리게 되었다. '이 색깔만 사면 이제 내 옷장은 완벽해'라며 색깔에 대한 선호에 관계없이 옷장을 무지개로 만들며 흡족하던 날들. 손이 가는 색깔은 따로 있어서 어떤 색은 닳고 어떤 색은 여전히 쨍하고, 무지개색은 점점 균형을 잃어갔다. 기본 아이템이 두루두루 잘 입힌다고 한동안 사다가 곧 지루하다며 동묘에 달려가 심상치 않은 패턴과 색을 가진 옷을 구입하는 일을 반복했다. 그래도 행복과는 거리가 먼 표정으로 이렇게 생각했다. 도대체 왜 입을 옷이 없는 거지.

옷장이 방 안에서 차지하는 부피와 밀도가 늘어갈수록 뭘 입어야 할지 모르겠는 날이 늘어갔다. 거울 앞에서 옷을 입고 벗는 시간은 점점 늘었지만 마음에 쏙 드는 옷으로 현관을 나서는 일은 드물었다. 마음에 쏙 드는 옷을 찾기 위해 몇 번이고 갈아입다가 출근 시간에 쫓겨서 미처 정리하지 못하고 바닥과 의자에 널부러 놓고 나온 옷들을 퇴근하고 그대로 마주했다. 작년에 잘 입고 다녔던 차림인데, 새로운 해가 되면 작년처럼 입지 못했다. 거울 앞에서 옷을 입고 벗는 시간만큼 옷에 대한 스트레스도 점점 쌓여 더 이상 이렇게는 안 되겠다고 생각했던 어느 날의 아침, 나는 한 친구에게 SOS를 보냈다.

'나도 너처럼 교복을 입고 다녀야겠어. 좀 도와줘'

직장 동료로 만나 친구가 된 E는 매일 같은 옷을 입고 다니는 사람이다. 진회색 니트에 검정색 바지, 검정색 구두차림으로 처음 만났던 E는 다음 날도, 그 다음 날도 그리고 얼마 뒤에 마주친 날에도 똑같은 차림이었다. 스티븐 잡스나 마크 주커버그처럼 매일 똑같은 옷을 입으면서 보다 중요한 일에 몰두하려는 사람 정도로 생각했다. 매일 같은 옷을 입는 걸 '교복'이라고 부르면서 신기해했는데 그날은 진지하게 이유가 듣고 싶었다. 옷을 고르고 입는 나의 고민을 다 들은 E는 유행 없는 단순한 스타일의 옷을 파는 한 브랜드의 상점으로 나를 데려갔다. 매일 입어도 만족스럽고 지루하지 않을 겨울의 교복을 고르는 것이 그날의 목표였다.

무난한 옷을 매일 똑같이 걸치면 되는 줄 알았던 교복 생활은 교복을 고르는 일부터 까다로웠다. 일단 색, 매일 봐도 질리지 않을 색을 선택해야 했다. 베이지색은 무난하지만 다소 밝은 계열이라 쉽게 지루해질 수 있고, 같은 이유로 패턴이나 무늬가 들어간 옷은 더더욱 안 됐다. 결국 남는 건 남색, 회색, 검정색 같은 어두운 옷들. 디자인은 더 엄격했다. '치마를 그리시오.'라고 하면 사람들이 으레 그릴 만한 디자인. '목티를 그리시오.'라고 하면 그릴, 단순한 디자인의 옷을 골라야 했다. 살짝만 독특해도 유행을 타기 마련이고, 다음 해가 되어 다음 유행이 돌아오면 입기가 애매하다는 게 이유였다. 가장 중요한 건 착장. 매일 입을 옷이기 때문에 편안해야 했고, 무엇보다 내가 나를 봤을 때 잘 어울린다고 느껴야 했다.

수많은 질문에 따라 옷을 재보고, 감촉을 느끼며 답변을 한 후 진회색의 롱스커트 하나를 샀다. 상의는 당장 마음에 쏙 드는 것이 없었는데, 억지로 사지 않고 집에 있는 옷 중에서 골라서 입기로 했다. 교복생활이 기대가 되는 것인지, 새 옷을 사서인지 분간이 되지 않은 채 설레고 있는 나에게 E는 살짝 겁을 주었다. 매일 똑같은 옷을 입는 건 생각보다 어렵고, 지루할 때가 분명 올 거라고. 그러면서 바짓단을 살짝 걷어서 초록색의 양말을 보여줬다. "가끔 이런 아이템으로 재미를 줘봐. 교복생활을 하다 보면 이렇게 작은 양말로도 즐거움을 느낄 수 있어." 매일 입는 남색 바지에 가려져 있던 초록색 양말이 수줍게 존재감을 드러냈다. 매일 무채색 옷을 입지만 사실 그 안에 다채로운 색을 간직하고 있던 사람, 그날 E가 멋있어 보였다.

집에 돌아와서 완성한 나의 겨울교복은 이렇다. 타이트하지 않게 몸에 붙는 검정색 목티에 새로 산 진회색 롱스커트, 그 아래 스타킹과 스웨이드 재질의 짧은 부츠, 날씨에 따라 길거나 짧은 진회색 코트를 걸쳤다. 1~2주가 지나고 다소 지루해진다고 느껴질 때에는 채도가 낮은 하늘색 목티를 검정색과 번갈아가며 입었고 검정색 패딩 조끼나 패턴이 살짝 들어간 가디건을 입으면서 변주를 주기도 했다. 매일 입는 옷이기 때문에 더 주의를 기울이고 관리해줘야 한다는 E의 조언에 따라서 외출하고 돌아와 얼룩이 묻은 곳은 없는지 살펴보고, 섬유탈취제를 뿌리고, 옷걸이에 고이 걸어두었다.

생각보다 빠르게 교복생활에 적응했다. 그도 그럴 것이 참 간편했다. 매일 뭘 입을지에 대한 고민 없이 옷걸이에 걸린 옷을 입으면 그만이었다. 입었을 때 어떤 모습인지 익숙하게 알고 있으니 거울을 보지 않고도 옷을 입을 수 있었다. 옷을 다 입는 시간이 1분 30초 정도나 될까. 외출 준비시간이 줄었고, 익숙함에서 오는 편안함을 느끼며 매일 아침 문밖을 나섰다. 매일 같은 옷을 입는 건 어떤 해방감을 주었다. 옷을 고르는 시간과 에너지를 줄이니, 매일 다른 옷을 입었을 때에 드는 시간과 에너지가 얼마나 큰지 새삼 비교하게 되었다. 차림에 신경을 덜 쓰게 되니 하고 있는 일과 함께하는 사람과의 시간에 더 집중할 수 있었다. 이래서 스티븐 잡스와 마크주커 버그가, 그리고 E가..!? 그들의 심오한, 사실 아주 단순할 수 있는 교복생활의 이유를 한 계절이나마 함께 느껴볼 수 있었다.

의류산업은 전 세계 모든 산업 중 가장 심각한 환경오염을 일으키는 산업 2위라고 한다. 재고를 포함한 의류총생산량의 73%

는 소각이나 매립의 방법으로 폐기되는데, 매 초마다 트럭 한 대 분량의 옷이 불에 타거나 땅에 묻혀 사라지고 있다는 말이다. 우리가 값싸다고 쉽게 사고 대충 입고 미련 없이 버리는 옷을 만들고 파는 패스트 패션 브랜드들은 하이앤드 브랜드들이 만드는 스타일의 옷을 비슷하면서도 값싸게 생산하며 질보다는 양에 초점을 맞춘다. 최소 공정비용으로 최대 이윤을 내기 위해 방글라데시, 베트남, 인도 등 개발도상국으로 외주를 맡긴다. 적은 비용으로 많은 이익을 낸다는 기조 아래에 노동자들이 맞닥뜨리는 작업환경과 노동환경은 열악할 수밖에 없다. 공정에서 요구되는 화학물질로 노동자의 건강을 해치는 것은 물론 공장 인근 지역의 환경을 오염시킨다. 의류 공장 주변에는 장애를 가진 아이들이 많이 태어난다고 한다. 패션산업이 가져오는 자연환경과 노동환경의 악영향을 생각한다면 옷은 분명 덜 만들어져야 하고, 덜 구매되어야 한다.•

자 그럼 이제 옷을 사지 말고, 중고 옷을 애용하고, 친구들과 교환도 하고, 닳아진 옷은 수선해서 입고 괜찮다면 교복생활을 하세요! 라고 이야기하면 될까. 그렇게 자신 있을 수 있으면 좋겠지만 나의 교복생활은 지난겨울에서 그쳤고, 새 옷을 사지 않겠다고 결심하는 일은 번번이 실패해왔다.

나의 동거인은 패션산업에 종사한다. 유행에 민감하고 옷과 아이템을 자주 산다. 택배가 오면 "또 옷을 샀어!" "신발을 왜 계절마다 새로 사!" "이거 어디서 많이 본 건데, 저기 옷장!"이라고 동거인에게 잔소리를 한다. 외출할 때는 정반대, 매번 새로워지고 세련되지는 동거인과 달리 대학생 때 입던 옷을 아직도 입고 다니고 빈티지 가게에서 산 옷이 옷장의 반절은 차지하고 있는 내가 자주 초라하게 느껴진다. 고향에 내려갈 때면 부모님은 "이제 사회인에 맞는 옷을 입어라."라고 말하며 내 옷에 대한 우려를 은근히 드러내신다. 길거리에 옷을 잘 입고 다니는 사람들은 왜 그렇게 눈에 잘 들어오는지. 의류산업의 잔인함을 머리로는 무겁게 알겠는데 한 번씩 옷으로 기분전환을 하고 싶은 충동이 일어난다. 그리고 충동보다는 드문 빈도로 옷을 산다.

매일 똑같은 옷을 입는 것은 지난겨울 한 번으로 끝이 난 이유는 답하고 싶은 질문이 하나 있기 때문이다. E는 교복생활을 지속할 수 있게 주말에는 다른 옷을 입으라고 했다. 내가 평소에 즐겨 입고 좋아하는 스타일로, 가끔은 멋을 부리라고 했다. 그 말에 꼭 맞게 E는 주말이면 본래 나이보다 훨씬 어려 보일 정도로 옷을 잘 입었다. 주중에는 기껏해야 두 가지 무채색으로 옷을 입으면서 주말에는 교복생활에 금기되는 밝은색도 잘 입었다. 반면에 나는 그렇지 못했다. 옷에 대한 관심을 거두게 되면서 무슨 옷을 어떻게 입어야 할지 교복생활을 하기 전과 비슷하게 오래 고민했다. 고민이 귀찮아 주말에 슬쩍 교복을 입기도 했다. 옷에 대한 꾸준한 관심으로 겨우 유지했던 감각이 사그라들어 버린 것일까. 봄 교복을 골라야 하는 시기가 왔을 때 잠시 고민하는 시간을 가지기로 하며 매일 다른 옷을 입고 있다.

지속 가능한 옷장을 만들 수 있는 방법은 뭘까? 요즘 내가 하는 일은 옷과 옷을 고르고 입는 내 감정을 살피고 질문하는 것이다. 왜 이런 낙낙한 옷에 자꾸 손이 가는 걸까? 낙낙함에서 느껴지는 편안함을 좋아하는구나. 왜 이런 특이한 부츠들을 찾아 헤매는 걸까? 사 놓은 부츠들을 보니 모두 굽이 낮고 코가 둥근 것이 특징이구나. 왜 중고로 산 옷은 오래 입지 못하는 걸까? 대체로 한눈에 뽕 간, 개성이 있는 패턴을 구매해서 그렇구나. 바라보고 질문하고 답하는 과정으로 옷을 고르고 입을 때의 시행착오를 줄여가고 있다. 옷을 잘 입는 사람에 대한 동경과 옷을 잘 좀 입어보라는 부모님의 눈치를 보는 나 같은 사람에게 지속 가능한 옷장에 대한 해답 중 하나는 '잘 알고 잘 사기'가 아닐까. 내가 드러내고 싶은, 나를 잘 표현하는 스타일을 잘 알기. 그 스타일에 잘 맞고, 질이 좋아 오래 입을 수 있는 옷을 잘 사기. 지속 가능한 옷장에 대한 답변은 다 다른 우리의 스타일만큼 다양하게 나올 수 있지 않을까.

　경주 꽃놀이에서 본 여성이 오래도록 마음에 남았던 이유는 그 사람이 가진 분위기가 자연스럽게 표현되었기 때문이라는 걸 지금은 조금 알 것 같다. 사랑하는 연인과 함께하는 시간을 만족스럽게 만들 수 있는 것과 나를 잘 드러내면서 내가 편안한 옷을 입는 것 모두 능력이다. 그 능력은 나를 잘 알아보려고 들여다보는 시간을 충분히 가진 사람만이 얻을 수 있는 것이라고 생각한다. 당시 꽃놀이에서 돌아온 내가 해야 했던 일은 보헤미안 옷을 사는 것이 아니라 왜 요즘 들어 기분이 이렇게 좋지 않은 것인지 질문하는 일에 가까웠더라면 좋았을 것 같다. 아무튼 매일 같은 옷을 입는 게 지루해질 때쯤 교복생활을 한 번 더 해볼 예정이다.

나의 스타일을 찾고 싶나요

겨울 교복생활을 마치고 보다 지속 가능한 옷장에 대한 고민을 하면서 만나 도움이 된 프로그램이 있다. 한 커뮤니티 플랫폼에서 진행했던 패션 컨설턴트 최유리 님의 〈진짜 나를 표현하는 패션스타일 찾기〉. "내가 누구인지 알고 내가 아닌 것을 삶과 옷장에서 배제할 때 행복한 삶과 옷 입기가 가능해집니다."라고 말하는 비결이 궁금했다.

4주 동안 매일 한 가지 질문에 답변하면서 의생활을 점검했다. '무엇을 입을까?'가 아니라 '무엇을 입었을 때 좋은가?'를 생각하는 방법을 배웠고 옷을 바라볼 때의 감정과 옷을 입었을 때의 감각에 집중하게 되니 내가 좋아하는 스타일을 보다 명료하게 찾을 수 있었다. 프로그램의 제목처럼 나를 표현하는 패션스타일을 4주 안에 찾지 못했지만 옷을 고르고 고민하는 데 시간과 옷장에 걸린 옷이 줄었다.

아래는 리추얼 기간 중 받았던 질문이다. 질문에 시간을 들여 답변하고 무엇하고 그 이유들을 생각해보는 시간을 가진다면 나의 스타일을 보다 분명하게 정돈해볼 수 있을 것 같다. (현재 해당 리추얼 프로그램은 진행하지 않지만 패션힐러 최유리 님의 책과 직접 진행하는 프로그램으로 만날 수 있다. @healer_yuli)

1주차

- 최근 눈이 가는 토털룩 사진은 무엇인가요?
- 당신이 좋아하는 스토리 콘텐츠는 무엇인가요?
- 당신은 누구를 질투하나요(혹은 부러워하나요)?
- 당신이 오랫동안 좋아해 온 물건은 무엇인가요?
- 첫 날 아깝게 탈락한 토털룩은 무엇이었나요?

2주차

- 요즘 가장 자주 손이 가는 아우터는 무엇인가요?
- 요즘 자주 꺼내 입는 (원피스 포함) 상의는 무엇인가요?
- 자주 손이 가는 하의는 무엇인가요?
- 가장 자주 손이 가는 신발은 무엇인가요?
- 가장 손이 자주 가는 가방은 무엇인가요?

3주차

- 2년 이상 방치된 상의는 무엇인가요?

- 옷장에서 방치된 하의는 무엇인가요?

- 오랫동안 방치해 둔 아우터 혹은 원피스는 무엇인가요?

- 신발장에서 방치된 신발 혹은 이미 버린 신발은 어떤 신 발인가요?

- 옷장에 방치된 가방은 무엇인가요?

4주차

- 당신이 좋아하는 컬러, 그리고 그 컬러가 들어간 배색은 무엇인가요?

- 당신에게 '어울린다'보다 '행복하다'를 선사하는 아이 템의 특징은 무엇인가요?

- 나만의 머스트해브아이템은 무엇인가요?

- 나만의 머스트해브아이템 두 번째 혹은 가까운 미래에 머스트해브아이템으로 갖고 싶은 것은 무엇인가요?

- 리추얼 중 새로 산 물건이 있나요? 혹은 새로 갖고 싶다 고 생각한 물건이 있나요?

모든 것들의 아름다움을
지속하는 일

한 사람의 화장대를 보면 그 사람이 가진 아름다움의 기준이 보인다. 아름다움에 끌리는 것은 사람의 본능이고 은연중 자신의 기준대로 단장하는데, 단장에 필요한 것들은 대체로 화장대에 올려져 있을 테니 말이다. 내 화장대 위에는 스킨, 로션, 선크림이 있고 그게 전부다. 간소한 화장대의 모습 그대로 화려하게 꾸미지 않고 수수한 모습을 한 사람에게 아름다움을 느낀다. 본연의 모습을 자연스럽게 풍기며 말과 행동, 눈 맞춤을 하는 사람에게서 고유의 매력을 느끼는데 두터운 꾸밈을 하지 않은 사람에게 그게 더 잘 느껴진다. 나에게는 자연스러움과 아름다움이 맞닿아 있는 것 같다.

물론 이전에 내 화장대가 지금처럼 단출했던 건 아니다. 한눈에 시선을 사로잡고, 한 번만 볼 수 없는 화려한 치장을 한 사람들을 동경하기도 했다. 화장으로 내가 가진 단점을 감추고 싶었고, 새로운 장점을 만들어내고 싶었다. 열아홉의 내가 수능이 끝난 후 가장 먼저 한 일은 화장품 가게에 가는 일이었다. 같은 반 친구들 중에는 이미 화장을 시작한 친구들이 있었고 아침에 겨우 로션만 바르고 나오는 거칠거칠한 나와 달리 피부는 하얗고 입술은 빨간 그 친구들이 부러워 한 번씩 넋을 놓고 쳐다보기도 했다. 화장은 그래도 어른의 일이라는 생각을 했고, 당장 닥친 입시에 집중하고 싶어서 '수능이 끝나고'를 되뇌며 관심을 거뒀었다.

수능이 끝났다. 뷰티 블로거들의 글과 사진, 뷰티 프로그램을 며칠간 섭렵했다. 그러고는 나를 공주님이라고 부르는 화장품 가게에 가서 기초화장품과 색조화장품을 한 아름 사왔다. 하나하나 살펴보면서 설레는 기분으로 차곡차곡 얼굴에 바르며 나에게 어울리는 화장법을 찾아나갔다. 먼저 스킨, 에센스, 로션, 크림 순으로 기초화장품을 발랐다. 보습과 영양을 위해서, 무엇보다 화장이 잘 먹기 위해서 꼭 필요한 일이라고 했다. 선크림을 바른 후에는 본격적인 색조화장을 했다. 얼굴의 잡티를 가려주고 매끈하고 하얗게 해주는 피부화장품의 공식도 있었는데, 나는 그 가운데 베이스와 파운데이션 팩트만 발랐다. 훨씬 더 많은 화장품이 있지만 모두 비슷해 보여서 중요하다고 생각하는 것들만 적당히 골라내 발랐다.

바탕이 완성되었으면 이제 본격적인 색 입히기. 자연스러운 눈 화장을 만들기 위해 못해도 세 가지 색의 아이섀도를 발랐다. 피부와 비슷한 색의 아이섀도를 눈두덩이 전체에 바르고 그보다 더 적은 범위로 좁혀가면서 더 짙은 색을 발라나갔다. 눈이 자연스럽게 깊어 보이도록 만들기 위해서 그라데이션을 연출하는 과정이었다. 다음은 아이라인을 그린다. 눈가에 뺀 아이라인의 양쪽 꼬리가 같아야 하기 때문에 아주 공을 들여야 하는 작업이다. 이후에 뷰러로 속눈썹에 컬을 주고 마스카라로 진하게 만들면서 고정시킨다. 발그레하지만 너무 진하지 않은 볼터치와 붉지만 또 너무 진하지 않은 틴트를 바르는 것으로 마무리했다. 거울을 얼굴에 바짝 대고 입술을 음파음파, 얼굴에 화장품을 덧바른 만큼 자신감을 얻는 것 같았다.

여기에서 화장이 끝난 건 아니다. 화장을 막 끝냈을 때 내가 거울에서 본 상태가 유지되고 있는지 틈틈이 확인을 해줘야 한다. 쌍꺼풀이 접히는 부분에 아이섀도가 끼지는 않았는지, 아이라이너와 마스카라가 눈 밑에 번지지는 않았는지, 주름이 지는 얼굴 곳곳에 파운데이션이 끼지는 않았는지, 입술은 충분히 붉어서 얼굴에 생기를 잃지는 않았는지를 확인해야 한다. 그래야 안심이 되고, 사람들을 똑바로 쳐다볼 수 있을 것 같았다. 슬쩍슬쩍 지워진 자신감을 중간중간 확인하며 채워갔다.

화장을 좀 해본 사람들은 모두 한 입으로 말한다. 화장의 완성은 클렌징이라고. 피부를 덮은 화장을 지우는 일은 피부를 위해서도 그 다음 날 화장이 잘 먹기 위해서도 꼭 필요한 일이다. 먼저 립앤아이 리무버를 화장 솜에 묻혀서 눈 화장과 립스틱을 닦아낸다. 다음은 오일, 크림 등 원하는 제형의 클렌징 제품으로 얼굴 전체의 화장을 닦아내고 폼 클렌징으로 거품을 내 씻어준다. 화장 솜에 흠뻑 묻힌 화장수로 얼굴 전체를 닦아주는 게 클렌징의 진짜 마무리다. 다음은 아침의 순서와 비슷하게 에센스, 로션, 크림을 발라줬다. 화장대에는 화장품이 빼곡할 수밖에 없었다.

빼곡한 화장대는 짧지 않은 시간 천천히 비워졌는데 그 이유는 많았다. 앞서 이야기했던 것처럼 생활에서 나오는 쓰레기를 줄이려고 화장의 단계를 대폭 줄였던 시기가 크게 한몫했다. 그때는 뭉뚱그린 '쓰레기'를 줄이려고 했던 일인데, 최근에 화장품 용기의 90%가 재활용되지 않는다는 구체적인 사실을 접하고 좀 놀랐다.[•] 복합 재질을 사용하고 각종 첨가제를 넣어 재활용이 불가능하도록 만들어진, 예쁘고 고급스러운 쓰레기인 것이다. 용기의 소재보다 복잡한 사실은 포장재의 재활용이 잘 되는지 여부를 4단계(최우수, 우수, 보통, 어려움)로 구분해 포장재에 표시하도록 하는 재활용 등급 표기제에서 화장품만 '어려움' 표기는 예외가 될 뻔했다는 사실이다. 2030년까지 정해진 비율을 회수해 재활용해야만 어려움 표시가 면제되는 역회수 제도는 화장품 회사의 특권에 분노한 시민들이 진행한 '화장품 어택'을 통해 만들어졌다. 물론 역회수 제도 자체도 특권이다.

다시 화장대를 비우게 된 이야기로 돌아가면 최근에는 화장기가 하나도 없는 얼굴에도 눈이 반짝이고, 충분히 자신감이 있는 여성들에 대한 호기심이 일었다. 화장이 기본 값이고 예의인 것처럼 말하는 사회에 대한 반감도 일부 작용한 것 같다. 되게 그럴듯한 이유들을 말했지만 무엇보다 나는 화장이 잘 어울리는 편이 아니라서 더 쉽게 화장대를 비울 수 있었다. 진한 눈 화장과 짙은 입술이 얼굴과 잘 어울리지 않아서 진한 화장은 안 하느니만 못하다고 생각해왔다. 안 어울려서 화장을 진하게 안 하니 섬세하게 보지 못하는 사람들은 버젓이 화장한 얼굴에 화장한 거였냐는 말을 하기도 했다. 어떤 사람들은 그게 화장을 잘하는 거라고 하는데 시간을 들였는데 몰라봐주는 건 좀 아무래도 좀 섭섭하다. 해도 그만 안 해도 그만이라면 안 하는 게 더 낫지 않은가.

안 해서 얻어진 것은 참 많다. 간소해진 화장대와 욕실의 모습은 그 자체로 말끔한 기쁨을 준다. 립앤아이 리무버, 클렌징 오일, 클렌징 폼 등의 클렌징 제품은 비누 하나로 대체되었다. 화장품을 구매하지 않으니 소비도 확 줄었다. 촘촘히 늘어선 화장품 진열대를 미련 없이 지나치는 순간의 짜릿함이란! 사고 바르고 지우는 데 드는 시간도 단연 줄었다. 외출 준비 시간이 여유롭고 집에 돌아와 이중 삼중으로 세안을 하는 번거로움과 귀찮음도 듬뿍 덜게 되었다. 가장 좋은 점은 일과 틈틈이 화장을 확인해야 한다는 강박과 그렇지 못했을 때 줄어드는 자신감으로 방해받지 않는다는 것이다. 더운 날에 땀으로 피부화장이 지워졌는지, 밥을 먹고 입술에 립스틱이 남아 있는지 확인하는 사소한 일로 다른 사람들의 눈을 피해왔으니 말이다.

수능이 끝난 후 출석일수를 채우기 위해서 등교하는 고3 학생들을 위해서 학교에서 프로그램을 기획했는데 그 내용이 여학생들은 화장과 몸매관리 방법, 남학생들은 박물관이나 기념관의 견

학이었다는 뉴스기사**를 본적이 있다. 우리는 성별 구분과 역할이 당연한 사회, 여성에게 화장과 꾸밈의 의무를 주고 그것을 능력처럼 평가하는 사회를 여전히 살고 있다. 그런 사회에서 화장을 하지 않는 일은 꾸밈을 통해 덧입혀진 자신감으로 나와 남을 평가하지 않겠다는 연습이기도 하다. 모든 아름다움은 자연스러움과 맞닿아 있다거나 여러모로 화장을 좀 줄이는 편이 좋겠다고 말하는 것은 아니다. 나 자신, 그 자체를 바라보고 받아들이는 일을 가꾸는 일의 가장 첫 번째로 해보면 어떠냐고 제안하고 싶다. 아름다움이 여성이나 사람에게만 국한되는 단어가 아니라는 것을 생각해본다면 본연의 아름다움을 바라보고 받아들일 줄 알 때에 우리는 그것을 지속할 의지도 얻을 수 있을 것 같다. 아름다움을 지속하기 위한 제안인 것이다.

나 하나 바꾸기 위해
나를 바꾸는 일

기후위기가 전 세계적 전염병으로, 폭우나 산불 등의 자연재해로 이어지고 있다. 어쩌다 한 번, 한때가 아니라고 전문가들은 입을 모아서 말하고 있다. 지구 전체에서 일어나는 변화를 지구인 전체가 목도하는 지금, '환경적인 것'을 추구하는 일이 이전보다 유난스러워 보이지 않고 자연스러운 일이 되었다. 채식을 지향하는 사람을 한두 다리 정도 건너면 만날 수 있고, 제로웨이스트를 위해 노력한다는 지인들의 말을 종종 듣는다. 대화의 주제로 환경을 꺼내는 일이 최근에 있었던 연예계 이슈를 꺼내는 것처럼 자연스러운 일이 되었다. 물론 재미는 다르겠지만.

내가 처음 채식을 했던 2015년에 갈 수 있었던 식당, 살 수 있었던 제품, 사람들로부터 들었던 말을 생각해본다면 정말 짧은 시간에 많이 달라졌다. 지금은 "그래야지."나 "그럴 수 있지."가 그때에는 "왜 그러는 거야?"였을 때가 많았다. 채식이라는 실천과 그로 인해 받는 시선이 익숙하지 않았을 수도 있지만 사회적 인식이 낮은 것도 분명했다. 그럴 때 생각나는 하나의 에피소드. 회사를 다니며 단체급식을 먹으면서 지냈던 때, 완전채식이 어려워서 일주일에 한 번 월요일에라도 꼭 완전채식을 하자고 마음먹은 적이 있다. 일반적인 단체급식에서 고기를 비롯한 동물성 식품은 빠지지 않고 등장하는지라 월요일마다 빈약한 식판을 앞에 두고 밥을 먹었다. 직장 선배 L은 내 식판을 보고 자주 트집을 잡았다. 채식을 시작하게 된 이유를 말하자 **빽빽한** 환경에서 닭을 기르는 만큼이나 **빽빽하게** 벼를 심는 것도 너무 잔인하지 않느냐, 천혜향은 오렌지랑 밀감을 교배했다는데 그건 소머리에 돼지 몸통이 있는 격 아니냐, 너 하나 오늘 고기 안 먹는다고 뭐가 달라지냐 까지. L의 앞에서 밥을 먹을 때면 얼굴이 자주 붉어졌고 그럴 때마다 얼른 집에 와서 울먹이며 일기를 적곤 했다.

책을 읽다가 한 번 음미하는 것으로는 끝낼 수 없는 문장은 꼭 휴대폰 메모장에 쪽수를 표시를 해두었다가 다 읽고 나서 개인 문서함에 옮겨 적어둔다. 한 번씩 생각날 때 슥 보거나, 지금 이 순간 필요하다고 생각되는 문장이 있을 때 찾아본다. 보통 책 제목을 적고 그 책에 나온 내용을 적거나 '사랑'이나 '응원'처럼 필요에 따라 더 쉽게 찾아보기 위해서 주제별로 적는다. 그중 하나의 주제는 '너 하나 바뀐다고 뭐가 달라져'다. 선배 L이 그랬던 것처럼 고기를 먹지 않는 일로 공격 아닌 공격을 받는 일이 잦았던 어느 날에 시작했던 것 같다. 글을 읽다가 '너 하나 바뀐다고 뭐가 달라진다.'라고 말하는 내용들을 옮겨 적는다. 환경과 관련된 책은 물론 브랜딩을 주제로 한 책을 읽다가도, 시를 읽다가도, 뉴스 기사를 읽다가도 나온다. 최근에는 정세랑 작가님의 책에서 옮겨 적을 때가 많았다. 필요할 때 꺼내 읽으면서 믿음을 단단하게 만든다. 나 하나 바뀐다고 뭐가 달라진다는 믿음. 이제 선배 L과 같은 사람들을 만나면 '다른 사람을 존중할 줄 모르는 사람이구만! 가깝게 지내지는 말아야겠어.'라고 생각해버리고 만다. 믿음에 근육이 좀 붙은 것 같다.

그래서 뭐가 달라지는 걸까? 내가 고기를 덜 먹었다고 해서, 포장 용기를 하나 안 만들었다고 해서 뭐가 달라지는 사실 잘 모르겠다. 영화 〈잡식가족의 딜레마〉에 나온 돼지들 보면서 눈물을 흘리고는 집으로 돌아오는 길에 채식주의자가 되어야겠다고 다짐했는데. 그래서 내가 먹지 않아서 살아 있는 돼지가 몇 마리쯤 될지 생각하면 될까. 혹은 축산 산업의 매출을 몇 퍼센트나 떨어트렸는지, 공장식 축산에서 발생하는 메탄가스를 얼마나 줄였는지, 물은 얼마나 아꼈는지를 계산해보면 될까. 내가 텀블러를 사용해서 만들지 않게 된 일회용 잔과 버리지 않고 사용한 자원들의 종류와 숫자를 적으면 내가 제로웨이스트 실천으로 바꾼 것들을 알게 되는 것일까.

"너 하나 바뀐다고 뭐가 달라지냐."가 당연한 말일지도 모르는 것은 나 하나 오염시킨다고 뭐가 달라지지도 않기 때문이다. 지금 우리가 목도하고 있는 기후위기를 비롯한 환경재앙은 지구인들이 짧지 않은 시간 동안 자연을 파괴하고 오염시키는 방향과 방법으로 만들어낸 결과이기 때문이다. 물론 그럴 일은 없겠지만 오늘 나의 실천으로 지구의 상태가 왔다 갔다 한다면 그건 또 너무 부담스럽지 않은가.

나 하나 바뀐다고 달라지는 건 그냥 나다. 환경에 관심을 가지고 변화를 위한 일상의 작은 실천들을 하면서 나는 이전과는 확실히 달라졌다. 나만 알고 나만 잘 살려고 했던 좁고 확실했던 목표들을 잃어버렸다. 대신 보다 많은 것에 관심을 가지면서 모두가 잘 살면 좋겠다는 넓고 애매한 목표로 바뀌었다. '동물'을 '존재'

로 보는 경험으로 채식을 시작했다. 동물을 바라보는 관점은 자연스럽게 공장식 축산이 환경에 미치는 영향까지 생각해보게 한다. 내 일상에서 밀접하게 느낄 수 있었던 쓰레기 문제, 유해화학물질 문제에 반응했고 내가 변화를 위해 할 수 있는 방법을 진지하게 고민하고 실천한다. 나아가 젠더문제나 노동문제 같은 사회의 문제까지, 감수성은 사회의 전반적인 영역으로 넓어졌다. 내가 경험한 대한민국의 교육 시스템은 혼자 빠르게 가라고 가르쳤지만 느리게 함께 가고 싶어졌다.

그리고 주변 사람들이 바뀌었다. 나와 짧지 않은 시간 가깝게 관계 맺으면서 지냈던 T, 처음 만났을 때 T는 좋아하는 음식으로 소고기와 참치를 꼽는 사람이었다. 완전 채식하는 날을 늘려가고 있던 나에게는 다소 난감한 일이었는데, 좋아하는 사람이 좋아하는 음식을 먹는 것을 보고 좋아하는 것을 보는 것은 나에게도 큰 행복이기 때문이다. 우리는 종종 소고기와 참치를 먹었지만 식탁 앞의 내 기분은 그리 유쾌하지 않았다. 어느 날 T에게 책 두 권을 선물했다. 채식을 지향하게 된 부부의 이야기를 다룬 에세이*와 가축 살처분 현장을 몇 년 뒤에 찾아가 찍은 사진을 담은 산문집**이었다. T에게 어떤 변화를 바란 건 아니었고, 당시 내가 보고 느낀 점이 많았던 책이라 공유하고 싶어서였다. 책을 읽은 T는 서서히 바뀌었다. 스스로 공장식 축산의 잔인함을 정면으로 바라보기로, 채식의 마땅함을 받아들이기로 했다. 원칙에 따라 행동하기를 선호하는 T는 이제 나보다 더 힘주어 채식을 말하는 사람이 되었다. 요리를 업으로 하는 사람이기 때문에 채식 레시피 개발에 열의를 보이며 다양한 채식음식을 맛보여주며 도리어 나에게 채식의 즐거움을 알려주었다.

　고기를 먹고 싶지 않았지만 다른 사람을 배려한다는 이유로 의도를 벗어난 이유를 대면서 소극적인 채식생활을 했던 A는 첫 만남에서 채식을 한다고 자연스럽게 말하는 내가 신선했다고 말했다. 이후에 쭉 나의 모습을 보고(어떤 모습인지는 나는 정확히 모르겠는) 내면에서 들려오는 목소리에 솔직한 사람이 되기로 했고, 타인의 취향을 이전보다 존중하게 되었고, 누군가에게 선한 영향력을 미치는 사람이고 싶다는 마음을 확인했다고도 했다. 나는 감동했고 나에게는 과분한 말이었다. A는 내가 어딜 가든 닮고 싶은 분이라고 말하는 사람 중 한 명이었기 때문이다. (사무실 옷걸이를 고치도록 차분히 기다려준, 나에게 재치 있다고 말해준 그 A다) 직장에서 같은 팀으로서 많은 대화를 나눴던 동료 Y는 내가 했지만 나도 잘 기억이 나지 않는 나의 말을 마음에 두었다가 환경문제에 관심을 가지게 되었다고 했다. 이제는 나와의 대화 주제 대부분이 환경이 된 Y는 현재 인스타그램에 제로웨이스트 만화●●●를 그려 올리고 있다. (전동드릴 사용법을 알려준 그 Y다. 종교인인 Y에게 종교인에게 바라는 환경적 실천을 이야기 했던 것 같다.) 장볼 때 장바구니, 그 안에 용기와 비닐봉지까지 꼼꼼히 챙기는 동거인 U, 플라스틱이나 환경 관련된 기사에서 내가 생각났다며 공유해주는 많은 친구들까지. 나는 주변 사람들의 변화를 자주 보게 된다.

친구 H와 한 달에 한 번 만나 전시를 보러 다니며 H에게 예술 작품을 대하는 자세와 감상하는 방법을 배우는 것처럼, 동료 J에게 좋은 공간을 찾아다니면서 즐기는 방법을 배우는 것처럼, 타인을 배려하는 게 몸에 밴 선배 K를 보고 나도 배워야겠다고 다짐하는 것처럼, 그리고 누군가에게는 해서는 안 되는 말과 행동을 배우지 말아야겠다는 걸 배우는 것처럼. 내가 관계 맺고 있는 사람들로부터 나와 다른 점을 발견하고 배우는 일은 생각해보면 참 당연하다. 내 주변 사람들은 나에게서 '환경적인 실천'을 봤고, 문제에 관심을 기울이고 자신을 성찰하면서 오랜 습관들을 바꿔갔다. 그래서 나에게 변화는 나이자 가족들, 친구들, 동료들, 나와 영향을 주고받는 수많은 사람이다. 그들의 얼굴을 하나하나 떠올리니 내가 뒤늦게 천천히 함께 걷고 싶다고 생각한 길을 그들은 이미 걷고 있었던 것 같다. 그렇다면 나는 역시 그냥 나 하나 바꾸기 위해서 내가 달라지면 되는 것 같다.

내가 즐겨 쓰는 '제로웨이스트와 웨이스트 그 사이 어디쯤'이라는 말처럼 우리가 완벽한 목표 지점에 도달하기 위한 과정 그 어디쯤에 있다면, 목표지점에 닿는 것이 아니라 변화하는 장면 장면을 만들어가는 것이 더 현실적인 방법이라면, 나 하나 바뀐다고 뭐가 달라져버린다고 생각해버리는 편이 좋을 것 같다. 나에겐 그 변화가 나와 내 주변 사람들이었는데 마지막까지 나의 글을 읽고 따라와 준 분들에게도 묻고 싶다. 어떤 변화를 보고 있는지 혹은 보고 싶은지. 당신이 보고 있고, 보고 싶은 변화가 있어서 오늘의 당신과 우리와 세상이 있다고 믿는다.

01 시작:
제로웨이스트와
웨이스트
그 사이에서
시작

다 받아주어서 바다라는 이름

- 빨대 때문에 고통 받는 바다 거북이 영상

  〈Sea Turtle with Straw up its Nostril〉

 유튜브
바로가기

내가 버린 쓰레기에서 볼 수 있는 것들

- 제로웨이스트 생활에 도움이 되는 커뮤니티

  네이버카페: 제로 웨이스트 홈

생활용품 다이어트는 평생

- 화장품에 관한 정확한 지식을 알려주는 책

  《대한민국 화장품의 비밀》(구희연·이은주

  지음, 거름)

제로웨이스트와 웨이스트 그 사이

- 가습기 살균제 피해에 관한 조사 보고서

  〈가습기살균제 피해 규모 정밀 추산 연구〉

(사회적참사 특별조사위원회, 한국산업산업기
술원)

02 공간: 덜어내고 더 좋아진 공간

도시락에 수북이 담겨 있는 것들

- 음식물 쓰레기의 심각성을 보여주는 기사
  〈생활쓰레기 1위 '음식물'… 얼마나 버리
  기에〉

 MBC
바로가기

부엌에서 그려지는 어떤 고리

- '식벤져스' PD의 인터뷰 기사
  〈'식벤져스' 아이디어, 코로나19 기사보고
  얻었다〉

 오마이스타
바로가기

03 물건: 덜어내고 만나게 된 물건

누군가 주물 팬으로 요리를 해준다면

- 무쇠 팬 사용기를 그린 만화
  〈무쇠 후라이팬〉(임지후 작가, 카카오웹툰)

그때의 나에게 건네는 위로

- 생리대 논란과 여성 건강에 관한 기사
  〈생리대 파동 이후, 불안함은 결국 여성들의 몫일까?〉

헬스컨슈머
바로가기

04 습관: 덜어내며 만들게 된 습관

기회를 주는 일과 기다려 주는 일

- '고쳐 쓰기'로 삶을 풍요롭게 만드는 법을 안내하는 책
  《리페어 컬쳐》(볼프강 M. 헤클 지음, 양철북)

밤 9시가 되면 벌어지는 일들

- EWG(Environmental Working Group) 스킨 딥: EWG는 미국의 비영리 환경단체로 식품, 에너지, 농업 등의 분야에서 환경과 인

류의 건강에 대해 연구하며, 제품의 성분과 안전성에 대한 데이터베이스를 제공한다. EWG가 제공하는 데이터를 EWG 스킨딥이라고 부르며, 이를 1~10단계로 나눈 것을 EWG 등급이라고 일컫는다.

•• PEG 계면활성제: PEG는 Polyethylene glycol의 약자다. PEG성분은 만들어지는 과정 속에서 발암성이 높은 물질인 에틸렌옥사이드 같은 성분이 만들어지기도 한다. 계면활성제 성분으로 샴푸나 폼 클렌징에 자주 쓰이지만 장기에 축적되어 부작용을 일으킬 수 있어 주의해야 한다.

••• SNS 알고리즘 문제를 짚어내는 책
《지금 당장 당신의 SNS 계정을 삭제해야 할 10가지 이유》(재런 러니어 지음, 글항아리)

잘 버리기 위해 미뤄둔 버리기

• 생산자책임재활용제도Extended Producer Responsibility: 제품 생산자나 포장재를 이용한 제품의 생산자에게 그 제품이나 포장재의 폐기물에 대하여 일정량의 재활용의무를 부여하여 재활용하게 하고, 이를 이

행하지 않을 경우 재활용에 소요되는 비용
이상의 재활용 부담금을 생산자에게 부과
하는 제도. 사업장의 업종 및 규모, 대상품
목에 따라 의무가 부과된다.

05 변화: 제로웨이스트가 건네는 변화

소비 시대를 재치 있게 건너는 방법

- 롱 라이프 디자인에 관한 이야기를 담은 책
  《또 하나의 디자인》(나가오카 겐메이 지음,
  에피그람)

옷을 입고 난 후 들여다봐야 할 것은

- 패션과 환경오염에 관한 칼럼
  〈우리가 버린 옷들은 모두 어떻게 됐을까?〉
  (다시입다 캠페인)

브런치
바로가기

모든 것들의 아름다움을 지속하는 일

- 화장품 용기의 재활용 문제에 관한 칼럼
  〈화장품 업계는 90% 재활용이 안되는 예

븐 쓰레기를 책임져라〉

 녹색연합 칼럼
바로가기

•• 꾸밈을 권하는 사회 분위기에 관한 기사
〈여고는 메이크업 특강, 남고는 박물관·기
념관?〉

 오마이뉴스
바로가기

나 하나 바꾸기 위해 나를 바꾸는 일

• 채식 생활로 바뀐 부부의 이야기를 담은 책
《요리를 멈추다》(강하라·심채윤 지음, 사이
몬북스)

•• 동물 살처분 현장을 추적·기록한 책
《묻다》(문선희 지음, 책공장더불어)

••• 제로웨이스트 생활을 그린 만화
인스타그램 제린펭귄(@zerin_penguin)

제로웨이스트가 건네는 변화
덜어내고 덜 버리고

1판 1쇄 펴낸날 2022년 1월 14일

지은이 오한빛

책만듦이 김미정 책꾸밈이 이민현

펴낸곳 채륜 펴낸이 서채윤
신고 2007년 6월 25일(제2009-11호)
주소 서울시 광진구 자양로 214, 2층(구의동)
대표전화 1811.1488 팩스 02.6442.9442
E-mail book@chaeryun.com Homepage www.chaeryun.com

ⓒ 오한빛. 2022
ⓒ 채륜. 2022. published in Korea

책값은 뒤표지에 있습니다.
ISBN 979-11-90131-10-0 03300

✝ **함께 꿈을 펼치실 작가님을 찾습니다.**
  소중한 원고를 보내주시면 특별한 책으로 만들겠습니다.

채륜(인문·사회), 채륜서(문학), 띠움(과학·예술)은 함께 자라는 나무입니다.
물과 햇빛이 되어주시면 편하게 쉴 수 있는 그늘을 만들어 드리겠습니다.